실은 이러하다.
우리가 받은 인생이 짧은 것이 아니라 우리가 그렇게 만드는 것이다.
인생의 시간이 모자라는 것이 아니라 우리가 낭비하는 것이다.

세네카, 『인생의 짧음에 관하여』 중에서

게으름

그래서, 뭐가 문제란 말인가?

김 남 준

김남준 1993년 열린교회를 개척하여 담임하였고, 총신대학교 신학과 조교수를 역임했다. 청소년 시절, 실존적 고민으로 혹독한 방황을 했다. 스물한 살 때 톨스토이를 읽고 기독교에 귀의했다. 아우구스티누스와 조나단 에드워즈, 칼뱅과 존 오웬을 오랜 세월 사숙(私淑)했다. 인생길에서 방황하는 이들이 기독교에서 진리를 발견하고 사랑함으로 선하고 아름다운 삶을 살게 하는 것이 소원이다. 1997년 이래 기독교 출판문화상을 5회 수상했다(1997, 2003, 2005, 2015, 2022). 저서 중 약 40만 부가 판매된 『게으름』은 미국에서 『Busy for Self, Lazy for God』으로, 중국에서 『懶惰』로 번역 출간되었다. 그 외에도 『죄와 은혜의 지배』, 『신학공부, 나는 이렇게 해왔다』, 『염려에 관하여』, 『다시, 게으름』, 『시험에 관하여』, 『깊이 읽는 여덟 가지 복』(이상 생명의말씀사), 『아무도 사랑하고 싶지 않던 밤』(김영사) 등 다수의 저서가 있다.

게으름

ⓒ 생명의말씀사 2003, 2023

2003년 9월 25일 1판   1쇄 발행
2003년 11월 10일   4쇄 발행
2003년 11월 25일 2판   1쇄 발행
2022년 10월 31일   139쇄 발행
2009년 2월 15일 3판   1쇄 발행(Handy Book)
2022년 10월 31일   23쇄 발행
2023년 4월 25일 4판   1쇄 발행
2024년 8월 13일   3쇄 발행

펴낸이 | 김창영
펴낸곳 | 생명의말씀사

등록 | 1962. 1. 10. No.300-1962-1
주소 | 서울시 종로구 경희궁1길 6 (03176)
전화 | 02)738-6555(본사) · 02)3159-7979(영업)
팩스 | 02)739-3824(본사) · 080-022-8585(영업)

지은이 | 김남준
사진 | 김남준

기획 편집 | 태현주
표지 디자인 | 디자인집
내지 디자인 | 조현진
인쇄 | 영진문원
제본 | 보경문화사

ISBN 978-89-04-16824-8 (04230)
ISBN 978-89-04-00108-8 (세트)

저작권자의 허락없이 이 책의 일부 또는 전체를
무단 복제, 전재, 발췌하면 저작권법에 의해 처벌을 받습니다.

게으름

그래서, 뭐가 문제란 말인가?

추천의 글

이 책 『게으름』은 2018년 미국에서 『*Busy for Self, Lazy for God*』(Westminster Seminary Press)이라는 제목으로 번역, 출간되었다. 이 책에 대해 유수한 영어권 신학자들과 목회자들이 남긴 진솔한 추천사를 소개한다.

우리의 우정이 깊어지면서, 김남준 목사가 '자신을 위해서는 바쁘고 하나님을 위해서는 게으른'(busy for self and lazy for God) 사람이 아니라는 것이 확실해졌습니다. 저자는 가정 생활, 목회, 교육, 심방, 집필 및 출판 등 많은 사역에 헌신하고 있습니다. 그러한 헌신이 포스트모던 시대 사람들의 나태한 마음과 정신을 날카롭게 겨냥한 전략적인 책을 쓸 수 있도록 만들었습니다. 이 책에서 저자는 게으름과 부지런함을 다룬 잠언의 교훈을 탐구하며, 바쁜 삶에서 하나님께 대한 헌신이 어떻게 소홀해지는지, 하나님의 백성이라면 주님을 기쁘시게 하기 위해 삶의 우선순위를 어떻게 재편해야 하는지를 말합니다.

이 책을 웨스트민스터 신학교에서 번역하고 출판하게 된 것을 영광으로 생각하며, 영어권 독자들에게 이 책을 진심으로 추천합니다.

피터 A. 릴백(Peter A. Lillback)
미국 필라델피아 웨스트민스터 신학교 총장

나의 친구, 김남준 목사는 한국에서도, 해외에서도 이름난 개혁주의 신학자입니다. 한국의 베스트셀러 『게으름』이 드디어 영어로 출간되었습니다. 이 책을 읽기 전에는 잠언이 이토록 게으름과 자기 사랑에 대해 심각하게 경고하고 있는지 몰랐습니다. 『게으름』은 편안하고 풍요로운 이 시대를 사는 우리에게 매우 필요한 도전을 줄 것입니다.

마이클 호턴(Michael Horton)
미국 캘리포니아 웨스트민스터 신학교 조직 신학 및 변증학 교수

방종이 미덕으로 여겨지는 요즘 시대에, 나의 좋은 친구 김남준 목사는 하나님의 영광을 위하여 그분의 뜻에 부지런히 순종하는 것이 영광과 기쁨에 이르는 참된 길임을 『게으름』을 통해 보여줍니다.

잠언에 대한 저자의 실천적인 묵상은 게으른 자의 추악함을 드러내 보여줍니다. 또한 바쁜 사람들이 가장 중요한 일에 얼마나 게을러질 수 있는지를 보여줍니다. 『게으름』은 우리 시대에 꼭 필요한 책입니다.

조엘 R. 비키(Joel R. Beeke)
미국 퓨리턴 리폼드 신학교 총장

김남준 목사는 게으름이 기독교 신앙을 감염시키는 바이러스라는 사실을 적나라하게, 그리고 직면하도록 들추어냅니다. 목회적 자질과 학문적 탁월함을 갖춘 저자는 모든 독자가 이 훌륭한 책을 다 읽기도 전에 게으름이라는 바이러스와 싸우지 않을 수 없도록, 그 정체에 대해 묘사합니다. 저자가 존경하는 아우구스티누스의 말로 대신하고 싶습니다. "집어서 읽어라"(*tolle lege*). 그리고 이 말을 덧붙이겠습니다. "지금 당장."

헤르만 셀더르하위스(Herman Selderhuis)
네덜란드 아펠도른 신학교 총장
세계 레포500(Refo500) 회장

교회 개척자이자 교수이며 신실한 목회자인 김남준 목사는 한국에서 많은 사랑을 받고 있는 작가입니다. 80권이 넘는 책을 저술한 저자는 조나단 에드워즈, 청교도들, 나아가 기독교 역사상 다른 여러 신학자들에 대한 열정적인 연구로 인해 '한국의 존 파이퍼'로 불립니다. 『게으름』은 그의 최고의 저작들 중 하나입니다. 저자 특유의 경건한 방식으로 잠언을 묵상할 것을 권합니다. 이는 우리로 하여금 게으름을 피하고 기쁨으로 우리의 삶을 하나님을 위해 살게 하기 위한 것입니다. 이것은 저자가 치열한 몸부림으로 터득하고 겸손함으로 발전시킨 가르침으로, 영어권 국가 독자들이 매우 면밀하게 주의를 기울여야 하는 교훈이라고 덧붙이고 싶습니다.

김남준 목사님과 이 책에 찬사를 보냅니다. 하나님이 이 책을 사용하셔서 (청교도들이 말하곤 했던 것처럼) 여러분의 마음을 세상의 안락함에서 떼어 놓고, 그리스도와 하나님 나라를 위한 부지런함으로 불붙이시기를 기원합니다.

더글러스 A. 스위니(Douglas A. Sweeney)
미국 트리니티 복음주의 신학교 교회사 및 기독교 사상사 교수

하나님의 백성들이 국제화될수록 누릴 수 있는 특권이 있습니다. 그것은 서로 다른 문화권의 시각으로 해설한 하나님의 말씀을 들을 수 있는 것입니다. 이는 우리의 영적 건강에 매우 중요합니다.

최근에 젠틀하고 따뜻하고 경건하며, 그리스도인의 삶에 관한 청교도적 사상에 박식한 뛰어난 학자 목회자인 김남준 목사를 알게 되었고 깊이 존경하게 되었습니다. 아시아에서 그는 이미 개혁파 복음주의자들 가운데 영적 거인으로 알려져 있습니다. 하지만, 서양에서는 상대적으로 덜 알려져 있습니다. 잠언에서 길어 낸 게으름에 대한 그의 놀라운 통찰을 영어로 접할 수 있게 되어 정말 기쁩니다.

이 책은 신선하고 기억에 남을 혜안으로 가득 차 있어서 읽는 내내 매우 즐거웠습니다. 이 시대의 많은 서양 작가들이 더 많이 쉬라고 말할 때 김남준 목사는 세속적인 게으름을 회개하고 하나님의 영광을 위해 열정적으로 일하게 하는 하나님의 지혜를 전하고 있습니다. 이 책을 강력히 추천합니다!

리처드 코킨(Richard Coekin)
영국 런던 레인스파크 던도널드 교회 담임 목사
교회 개척 네트워크 코미션(Co-Mission) 대표

개정판에 부쳐

200쇄가 넘었습니다. 어린이 판을 포함해서 현재까지 모두 207쇄가 찍혔습니다. 『게으름』은 지극히 개인적인 고민과 갈등의 산물이었는데, 이처럼 단시일 내에 폭발적인 반응을 불러일으키리라고는 예상하지 못했습니다.

정해진 삶의 시간에, 더 많은 일을 하며 사는 방법 세 가지가 있습니다.
첫째, 보다 가치 있는 일에 집중할 것.
둘째, 유능해질 것.
셋째, 부지런히 살 것.
그런데 우리는 육체의 욕망을 성취함에는 부지런하고, 선한 의무를 실천함에는 게으릅니다. 더 많은 일을 할 수 있는 삶을 방해하는 게으름은 영혼의 변화 없이는 결별할 수 없습니다.

    개정판을 내게 되었습니다. 아직도 이 책을 사랑해 주시는 독자들에게 새 옷 입고 다가가고 싶었습니다. 20년이 흘렀지만, 신념이 바뀌거나 오류가 있어서 고칠 것은 발견하지 못했습니다.
    그렇지만 이 책이 태어날 때 어린이였던, 이제는 성인이 된 독자들에게도 사랑받고 싶었습니다. 현대인의 문체로 옷 갈아입히고, 지금 현실에 맞지 않는 예화도 손보았습니다.

    이 책은 『*Busy for Self, Lazy for God*』이라는 제목으로 미국(Westminster Seminary Press, 2018)에서도 출판되어 영어권 독자들의 사랑을 받았습니다. 또한 중국(甘肅人民美術出版社, 2014)에서는 『懶惰』라는 제목으로, 대만(三一音樂出版社, 2005)에서는 『懶惰』라는 제목으로 출판되어 많은 중화권 독자들이 꾸준히 애독하고 있습니다.

열심히 사는 것이 전근대적 가르침이고 게으르게 사는 것이 현대적 가르침인 것처럼 여겨지는 시대에, 이 책은 삶에 대한 성경적이고 입체적인 조망을 통해 지혜로 인도할 것입니다.

코로나 팬데믹 사태와 우크라이나·러시아 전쟁, 기후 위기 등을 겪으면서 이제 '욜로'(한 번밖에 없는 인생이다)나 '소확행'(소소하고 확실한 행복)의 구호가 사라져 가고 있습니다. 오히려 '갓생'(하루하루 계획적으로 열심히 살아 내는 삶)이 화두로 떠오른 이때에 게으름의 의미에 대한 새로운 성찰이 요구됩니다.

이 책은 독자들을 마치 기계와 같이 노동하라고 내몰기 위해서 쓴 것이 아닙니다. 또한 게으름을 두둔하기 위해서 쓴 것도 아닙니다.

정체를 숨기고 우리의 삶을 갉아먹는 게으름의 민낯을 밝히기 위해 썼습니다. 생각 없이 부지런히 사는 것은 생각 없이 게으르게 사는 것과 별반 다르지 않다는 것을 보여주기 위해 썼습니다.

육체의 게으름과 정신의 게으름을 함께 보여줌으로써 진정한 자유인으로 사는 길을 제시해 주고 싶었습니다.

여러분의 인생에 요긴한 길동무가 되었으면 합니다.

한 번밖에 없는 인생, 보람 있게 사소서.

2023년 3월
그리스도의 노예 **김남준**

책을 열며

저를 제일 사랑해 주신 분은 할머님이셨습니다. 지방에서 사업을 하시던 부모님을 떠나 서울 와서 공부했습니다. 초등학교 입학 때부터 결혼해 분가할 때까지 할머님과 함께 살았습니다.

자라면서 늘 꾸중 들었던 것이 게으름이었습니다. 아침에 늦게 일어나거나 멍하니 있을 때면 나무라셨습니다. "애야, 그리 게을러서 이담에 뭘 해 먹고 살겠니……."

게으름에 대하여 깊은 자각을 갖게 된 계기가 있었습니다. 예수님을 만나고 하나님의 영광에 눈을 뜨게 된 때부터였습니다.

하나님의 특별한 사랑을 입어서 구원받았지만, 이 세상에서 내 생명은 너무나도 짧다는 사실을 깨달았습니다. 하나님 영광을 위해 살고 싶어도 시간이 없으면 삶으로 펼칠 수 없다는 것을 절실히 느꼈습니다.

 그때부터 게으름과 싸우게 되었습니다. 게으름은 단순히 타고난 성향의 문제가 아니라, 마음의 부패에 뿌리를 내리고 있음을 깨닫게 되었습니다.

 그 후 더욱 주님을 깊이 만났습니다. 생애적인 부흥을 경험하였습니다. 저는 더욱 게으름을 미워하게 되었고, 그 성품과 싸우며 많은 눈물을 흘렸습니다.

 언제나 내 안에 있는 게으름이었지만, 내가 아니고 남인 것처럼 그것과 싸웠습니다. 게으름과 결별하기 위해서는 은혜를 구하지 않을 수 없었습니다. 왜냐하면 새롭게 익히는 부지런함보다는 오랫동안 몸에 밴 게으름이 오래 신은 신발처럼 편했기 때문입니다.

 우리 주님을 생각했습니다. 그분의 생애는 액체의 생애였습니다. 땀과 눈물과 피를 다 쏟으신 삶이었습니다. 이로써 게으름과의 싸움에 힘들 때마다 자신을 추스를 수 있었습니다. 머리 둘 곳조차 없으시던 예수님의 삶은 정말 게으름과는 거리가 멀었기 때문입니다.

불꽃같이 복음을 전했던 조지 휫필드(George Whitefield, 1714-1770)처럼 내 모든 것 다 드려 살고 싶었습니다. 이전에는 왜 사는지 몰랐지만, 삶의 목표가 분명해진 그때에는 게으름을 변명할 수 없었습니다.

인생의 시간은 물처럼 흐르고 우리의 삶은 막을 내립니다. 살아온 시간의 길이는 의미의 크기에 비례하지 않습니다.

우리는 시대정신의 나팔 소리에 귀 멀어서 게으름의 정체를 잊고 있습니다. 그것이 얼마나 큰 대적인지를 모른 채 살아가고 있습니다.

게으른 사람들을 보면서 이전의 저를 보는 것 같은 안타까움에 이 책을 썼습니다. 저는 그리스도인의 성숙에 있어서 게으름이 얼마나 은밀한 대적인지를 보여주고 싶었습니다.

저는 이 책을 머리로 쓰지 않았습니다. 삶으로 썼습니다. 현대인에게, 이 책은 달콤하기보다는 한 사발의 쓰디쓴 한약처럼 느껴질지도 모릅니다. 한때 제게 이 진리가 그랬던 것처럼……

그러나 단것을 먹고 죽은 자처럼 살아 있는 것보다, 쓴 것을 마시고 산 자답게 살아가는 게 낫지 않겠습니까?

2003년 8월
그리스도의 노예 **김남준**

목차

추천의 글 4
개정판에 부쳐 10
책을 열며 14

제1부 게으름에 익숙한 그대에게

제1장   게으름의 정체, 싫증   23

제2장   게으름의 뿌리, 자기 사랑   47

제3장   게으름의 발전, 정욕   67

제4장   게으름의 선택, 부주의   87

제5장   게으름의 결과, 고통   105

제2부 익숙한 게으름과의 작별

제6장 게으름과 잠 1 **129**

제7장 게으름과 잠 2 **149**

제8장 게으름과 열정 **165**

제9장 게으름과 교만 **177**

제10장 게으른 자와 하나님의 마음 **191**

제11장 게으른 자의 교훈 **209**

참고 문헌 **228**

제1부

게으름에 익숙한 그대에게

"문짝이 그 문돌쩌귀 위에서 도는 것처럼
게으른 자는 그의 침대를 벗어나지 않는다"(잠 26:14, KNJ 私譯).

הַדֶּלֶת תִּסּוֹב עַל־צִירָהּ וְעָצֵל עַל־מִטָּתוֹ׃

제1장

게으름의 정체, 싫증

어느 신도시에 있는 교회에 설교하러 갔을 때 일입니다. 식사 자리에서 목회자들과 얘기를 나누었습니다. 그때 한 목회자가 이런 말을 하였습니다.

"목사님, 목회자들은 강단에서 구원이 대단한 것처럼 설교합니다. 그러나 실제로 심방해 보면, 교인들에게 구원은 10원보다 조금 못한 것으로 취급됩니다."

모두들 폭소를 터뜨렸지만, 웃고 난 후에는 왠지 시무룩해졌습니다.

구원받았음에도 행복한 삶을 살지 못하는 것은 거룩해지고자 힘쓰지 않기 때문입니다. 예수님은 생명을 주실 뿐 아니라, 풍성한 삶을 살게 하시려고 세상에 오셨습니다(요 10:10).

풍성한 삶은 은혜와 진리를 통해 누리게 됩니다. 그것은 신자가 성화(聖化)를 위해 노력하는 것만큼 이루어집니다.*

우리는 구원받았습니다. 죄와 사망의 법에서 해방되었고 정죄함이 없는 하나님의 자녀가 되었습니다(롬 8:1-2).

그러나 옛 성품으로부터 완전히 자유로워진 것은 아닙니다. 끊임없이 그릇된 욕심을 따라 살려는 옛사람을 벗어버려야 합니다(엡 4:22).

---

* "성화란 구원받은 죄인을 죄의 부패에서 깨끗하게 하시며, 그의 전 본성을 하나님의 형상으로 갱신하여 그로 하여금 선한 일을 할 수 있게 하시는 성령의 은혜롭고 계속적인 작용이다." 김남준, 『구원과 하나님의 계획』(서울: 부흥과개혁사, 2009), 259; Louis Berkhof, *Systematic Theology* (Grand Rapids: Wm. B. Eerdmans Publishing Company, 1996), 529-530.

*

탕자를 생각해 보십시오. 그가 회개하고 아버지의 집으로 돌아왔지만, 방탕한 생활로 몸에 밴 음주벽이나 병든 몸이 한순간 씻은 듯 나을 수 없었을 것입니다. 이처럼 구원받은 우리 안에는 새사람의 거듭난 성품과 함께 옛사람의 부패한 성품이 있습니다. 그래서 신자는 성령의 은혜를 받으며 변화되어 가야 합니다.

아담과 하와는 하나님을 섬기도록 부름을 받았습니다(창 1:28). 하나님을 대신하여 선량한 관리자로서 세계를 돌보도록 위임받았습니다. 하나님의 아름다움과 영광을 드러내기 위해 태어났습니다.

사람들은 노동이 죄의 결과라고 생각합니다. 아닙니다. 노동은 하나님의 축복입니다. 노동 자체가 아니라 노동에서 경험하는 고통이 죄의 결과입니다(창 3:17-19).

에덴동산에서 인간의 삶은 조금도 지루하지 않았습니다. 의무를 인식하고 실천함에 있어서 게으름이 없었습니다. 그러나 죄의 유혹이 찾아왔습니다. 그들의 마음은 유혹에 굴복하여 죄를 사랑하게 되었고, 그러자 범죄하게 되었습니다.

그 후로부터 인간은 선한 일을 싫어하게 되었습니다. 영혼의 싫증은 하나님과 모든 신령한 의무들을 지겨워하는 것입니다.

싫증의 정체는 하나님에 대한 권태감입니다. 이는 마음 안에 있는 죄의 영향입니다. 권태감은 선한 의무에 대한 열정을 빼앗아 갑니다.

천국에서도 섬김은 계속됩니다(계 5:13, 8:3). 하나님을 찬송하고 땅 위의 교회를 위하여 기도할 것입니다. 하나님을 알아 가며 예배할 것입니다. 그런 섬김의 기쁨이 천국의 행복입니다.

거듭난 새 성품은 주님을 사랑하며 섬기려고 합니다. 그러나 옛 성품은 자기를 사랑하며 게으르게 살려고 합니다. 생각은 말씀을 깨달으려 하지 않고, 정서는 세상 사랑에 기울고, 의지는 육욕(肉慾)에 저항하지 않습니다. 자기 욕망을 따라서 살고자 합니다.

성경은 게으름을 혐오해야 할 악으로 봅니다(잠 19:15). 착한 성품은 충성과 관련되고, 악한 성품은 게으름과 연관됩니다(마 25:21, 23, 26).

모든 악한 욕망이 그러하듯이 게으름 역시 은밀하게 숨겨져 있습니다. 그래서 심각성을 깨닫기가 쉽지 않습니다. 게으름은 거룩한 삶의 은밀한 대적입니다.

이제 우리는 그것을 찾아 나서고자 합니다. 이것은 일찍이 없던 영적 탐구의 여정이 될 것입니다. 우리의 마음속에 있는 그 뿌리를 찾아낼 것입니다. 그리고 과감한 수술을 시작할 것입니다.

칼날은 말씀이고 집도의(執刀醫)는 성령이십니다. 마음과 성품 갈피갈피 배어 있는 게으름을 찾아서 도려낼 것입니다.

무척 아플 것입니다. 이 책을 읽다가 집어던져 버렸다거나, 마음이 찔려서 조용히 덮어 버렸다는 독자들의 후기가 그것을 말해 줍니다.

심각한 암은 반드시 도려내야 살 수 있습니다. 환자가 수술 후 자기 몸에서 떼어 낸 암 덩이를 보고 끔찍해 하는 것처럼, 이 책을 읽은 후 자신의 게으름을 보고 놀라게 될 것입니다. 그러나 펼쳐질 새로운 삶에 더 놀랄 것입니다.

**

이제 한국은 국민 총소득 3만 5천 불(22.06.13 한국은행 발표 기준)을 넘어섰습니다. 선진국의 대열에 합류했습니다. 이것은 그나마 정치가 민주화되고 사회가 합리화되었기 때문입니다. 그러나 진정한 선진국이 되려면 아직 멀었습니다.

더욱이 세계에서 존경받는 국가가 되기 위해서는 보다 근본적으로 바뀌어야 합니다. 아직도 만연해 있는 사회적 불의를 보십시오. 부동산 투기로 한 번에 수천억씩 벌려고 하고, 정치

세력과 결탁하여 이권을 얻고, 세금을 포탈하는 부정직한 사람들이 많지 않습니까?

한 시대의 정신이란 도도하게 흐르는 큰 강물과 같습니다. 그 흐름을 쉽게 바꿀 수 없습니다. 일평생 건전한 사상과 삶이 일치하게끔 살아가는 사람들만이, 그것을 바꿀 수 있습니다. 그런 사람들이 점점 더 많아질 때 나라에 희망이 있습니다.

이 일은 정치가들이 자기들끼리 할 수 있는 일이 아닙니다. 말씀을 따라 살고자 분투하며 사는 그리스도인들이 해낼 수 있는 일입니다. 한 나라의 정신을 고칠 수 있는 마지막 가능성을 가진 곳이 교회입니다. 교회가 새로운 정신사적인 물줄기를 만들어 세상으로 흘려보내야 합니다. 그러나 오늘날 교회와 그리스도인들은 그런 모습과 거리가 멉니다.

그리스도인은 세상의 풍조를 따르지 말고 성경을 근거로 자기만의 견해를 가져야 합니다. 그리고 그 견해를 따라 살아감으로써 새로운 정신으로 세상에 영향을 끼칠 수 있어야 합니다. 게으름에 대해서도 마찬가지입니다.

예수 믿는 사람이라 좀 성실할 줄 알고 고용했는데, 회사 일보다 신우회를 조직하는 데 더 마음을 씁니다. 업무에는 게으르고 근무 시간에 교회 주보나 만들고 있다면 어찌 선한 영향력을 기대할 수 있겠습니까?

그리스도인은 세상의 빛으로 부름받은 사람입니다(막 5:14). "세상의 다른 사람들도 다 그렇게 사는데…….".라고 말하지 말아야 합니다. 세상의 기준을 훨씬 뛰어넘는 선한 삶을 살아 내야 합니다.

* * *

제가 만난 어느 목사님이 자랑스럽게 말했습니다. 교회의 한 지체를 가리키면서, 그는 직장에서 일하다가도 자기가 부르기만 하면 바로 달려온다는 것이었습니다.

그것은 그가 교회를 너무 사랑한다는 칭찬의 말이었습니다. 그러나 그 말을 듣는 제 마음은 불편했습니다. 그리스도인에게 일터는 선교지요, 사역지이기 때문입니다.

영국에서 있었던 일입니다. 늘 스트레스에 시달리고 짜증을 잘 내는 하원 의원이 있었습니다. 그는 매일 차를 타고 집을 나설 때마다 골목을 쓸고 있는 한 청소부를 지나쳤습니다. 항상 노래를 부르며 즐거운 표정으로 청소를 하고 있었습니다.

어느 날 의아해하며 차를 멈추게 하였습니다. 창문을 내리고는 청소부에게 큰소리로 물었습니다. "청소를 하는 당신은 왜 그렇게 즐겁습니까? 나는 국회의원인데도 행복하지 않은데 말입니다."

그러자 청소부가 대답했습니다. "예, 저는 행복합니다. 지금 하나님이 창조하신 아름다운 세계의 한 모퉁이를 정화하고 있는 중이거든요."

저도 직장 생활을 했었습니다. 은혜받기 전에는 직장 다니는 것이 지긋지긋했습니다. 몇 달 동안 사표를 외투 안주머니에 품고 다녔습니다. 그러나 얼마 후 주님을 깊이 만나고 변화 받았습니다. 그때부터는 감사하게 직장 생활을 했습니다. 행복하고 보람 있었습니다. 주님이 요셉과 동행해 주신 것처럼 함께해 주셨습니다.

힘닿는 대로 직장 동료들에게 복음을 전했습니다. 방탕한 일에 휩쓸리지는 않았지만, 할 수 있으면 그들의 모임에 함께 참여했습니다. 선물을 싸 들고 상사를 찾아가거나 인사를 청탁하는 일은 하지 않았습니다. 그 대신 회사가 저 없으면 매우 불편해질 정도로 유능한 사람이 되고자 노력했습니다. 또한 유능함의 한계는 성실함으로 보충하고자 하였습니다.

남보다 좀 더 일찍 출근하고, 좀 더 늦게 퇴근했습니다. 남보다 더 많은 일을 하면서 불평하지 않고 다른 사람들을 돕고자 하였습니다. 주위의 직원들을 즐겁게 해주려고 노력했습니다.

변화된 태도로 직장 생활을 하자, 하나님이 함께해 주시는 것을 경험했습니다. 매일 출근할 때면 마음이 설렜습니다. "오늘은 하나님이 나를 통해 어떤 일을 이루시려나?"

교회에서의 섬김이 직장에서의 활동보다 더 중요하다고 생각하지 마십시오. 이것이 저것 아래 있게 있거나 위에 있다고 여기지 마십시오. 모든 영역이 하나님을 섬겨야 할 곳입니다. 하나님께 충성스러워야 하는 것에는 성속(聖俗)의 영역이 따로 없습니다.

다니엘을 기억하십시오. 그는 바벨론의 왕들을 위해 헌신하였으나, 다리오왕에게는 하나님을 섬기는 사람으로 기억되었습니다.

> "……하나님의 종 다니엘아 네가 항상 섬기는 네 하나님이……"(단 6:20).

평생에 힘쓸 의무는 하나님 앞에서 충성스럽게 사는 것입니다. '게으르지만 충성스러운 종', '불성실하지만 신실한 종'이라는 말을 들어 보셨습니까?

우리의 의무는 삶의 모든 방면에서 정의롭고 인자한 삶을 사는 것입니다. 교회에서 십일조는 정직하게 내지만 세상에서는 부정직하게 탈세하고 뇌물도 건넨다면, 그가 어찌 참된 그리스

도인일 수 있겠습니까? 개업식 때, 고사(告祀)를 지내는 대신 예배를 드린다고 기독교 기업이 되는 것이 아닙니다. 수익금 일부를 선교비에 쓴다고 신앙적인 회사가 되는 것도 아닙니다.

직업은 단지 돈을 벌기 위한 것이 아닙니다. 하나님이 세상을 창조하신 목적을 이루시는 데 이바지하는 것입니다. 사람이 세상에 태어나서 어떻게 사는 것이 참된 삶인지를 보여주기 위한 것입니다. 이것이 우리가 가져야 할 직업에 대한 소명 의식입니다.

게으름은 악입니다. 게으름에 굴복하면, 이런 소명을 따라 살 수 없습니다. 게으름은 정신의 건강함을 잃어버리게 합니다. 게으른 사람들은 정리된 정신세계를 가질 수 없습니다. 타고난 입담으로 개똥철학을 늘어놓을 수 있을지는 몰라도, 믿고 따라갈 가치가 있는 사상을 지닐 수는 없습니다.

게으름은 정해진 인생을 낭비하는 것입니다. 게으르게 사는 동안에도 시간은 흘러가고, 흘러가는 시간만큼 인생을 살 기회도 함께 사라집니다. 먼지 같은 시간들은 영원한 침묵이 깃든 우주 공간으로 흩어져 버립니다.

그것은 자신에게도 손해이지만, 하나님 앞에도 불충입니다. 태어나지 못한 사람에게는 주어지지 않은 인생을 낭비하는 것이기 때문입니다.

****

게으른 자의 삶에는 진보가 없습니다. 도전이 없는 삶을 되풀이합니다. 성경은 게으른 자의 모습을 희화하여 묘사합니다.

"문짝이 돌쩌귀를 따라서 도는 것같이 게으른 자는 침상에서 도느니라"(잠 26:14).

돌쩌귀가 무엇인지 아십니까?

돌쩌귀란 문짝을 문설주에 달아서 여닫히게 한 장치로, 힌지(hinge)라고도 합니다. 문을 지탱하면서 동시에 열렸다 닫혔다 움직일 수 있도록 문 아래와 위의 문틀에 박는 장치인데, 각각 암수 두 개의 쇠붙이로 되어 있습니다.

일단 이 돌쩌귀를 달고 나면 문짝은 열리든 닫히든 계속 이를 따라 돌게 됩니다.

게으른 사람은 침대를 중심으로 움직입니다. 침대가 생활의 돌쩌귀가 되어서 거기를 벗어나지 못한다는 뜻입니다. 그것 따라 돌아간다는 것입니다.

게으른 사람이 못 하는 일이 있습니다. 선한 일을 위해 마음을 쏟아붓는 것입니다.

게으른 사람에게도 꿈은 있습니다. 그런데 그 꿈은 언제나 '……였으면'으로 시작해서 '……할 텐데'로 끝납니다. 그것은 희망 사항이지 꿈은 아닙니다.

진정한 꿈은 그것을 성취하기 위해 대가를 치를 준비가 되어 있어야 합니다. 게으른 사람은 꿈이 없기에 목표도 분명치 않습니다.

리어카로 짐을 나르는 사람이 있다고 칩시다. 그가 작은 중고 트럭을 사려는 계획을 세우고 열심히 저축하고 있다면 그것은 목표입니다. 그러나 그가 지나가던 커다란 외제 신형 고급 트럭을 보면서 당장 그런 차를 타고 다닐 생각을 한다면 단지 희망일 뿐입니다.

무언가를 희망하는 데는 비용이 들지 않습니다. 다만 욕구하는 것이기 때문입니다. 그러나 목표를 이루기 위해서는 반드시 희생이 뒤따라야 합니다.

어느 잡지에서 세계적으로 인정받는 발레리나의 발 사진을 보았습니다. 그 발은 상처와 굳은살로 뒤덮여 있었습니다. 그녀의 맨발은 발레할 때처럼 예쁘지 않았습니다. 차마 인간의 발이라고 할 수 없을 정도였습니다. 그녀의 아름다운 발레 동작들은 두 발이 망가지기까지 헌신한 초인적인 연습의 열매였습니다.

그리스도인의 삶은 선하게 질서 지워진 삶입니다.* 그렇지 않고는 하나님 앞에 충성할 수 없기 때문입니다. 이것은 단지 한 가지 일만 한다는 뜻이 아닙니다. 모든 삶의 궁극적인 목표와 관련된 것입니다.

충성스러운 사람의 라이프 스타일은 단순합니다. 한 가지 뚜렷한 목표를 정하고 거기에 맞추어 자신의 삶 전체를 질서 짓는 것입니다.

청교도 존 오웬(John Owen, 1616-1683)은 하나님과 동행하는 그리스도인의 특징을 '목적의 하나 됨'으로 제시했습니다. 즉, 인생의 목표는 하나님이 그 사람을 구원하신 목표와 같다는 것입니다. 그것은 하나님의 영광입니다.**

---

* 장 칼뱅(Jean Calvin)은 그리스도인이 추구하는 신앙의 목표를 '자신의 삶을 선하게 질서 지우는 것'(*de bien ordonner sa vie*)이라고 표현한다. Jean Calvin, *Institution de la religion Chrétienne* (3.6.1) (Genève: E. Beroud, 1888), 314.

** 존 오웬(John Owen)에 따르면, 하나님의 목적은 당신의 영광이며(잠 16:4, 계 4:11), 그 영광스러운 은혜를 찬양하며 사는 것이 우리 삶의 궁극적인 목적이다(엡 1:6). John Owen, "Of Walking Humbly with God," *Posthumous Sermons*, in *The Works of John Owen*, vol. 9, ed. William H. Goold (Edinburgh: The Banner of Truth Trust, 1990), 89-90.

그것은 단지 '하나님의 영광'이라는 말을 입에 달고 사는 것이 아닙니다. 그것은 삶의 모든 부분이 그 목표에 맞도록 재편된 생활입니다.

노력 없이 저절로 되는 것은 목표가 될 수 없습니다. 오전 5시에 일어나서 새벽 기도에 나오는 것은 목표가 될 수 있지만, 매일같이 늦잠을 자겠다고 하는 것은 목표가 될 수 없는 것처럼 말입니다.

* * * * *

게으름은 단지 삶의 태도가 아니라 방향과 깊은 관계가 있습니다. 아무리 분주하게 살아도 거룩한 목표가 없다면, 그것은 게으른 삶입니다.

부지런한 도둑, 성실한 사기꾼, 최선을 다하는 깡패, 이런 표현은 형용 모순입니다. 실행하는 태도에 대한 평가와 하고자 하는 일에 대한 도덕적 가치가 어울리지 않기 때문입니다.

바쁘게 산다고 해서 부지런한 것이 아닙니다. 돌쩌귀에 단단히 붙들린 문도 가만히 있지 않고 쉴 새 없이 움직이지 않습니까? 열리고 닫히기를 반복합니다. 그러나 변화가 없습니다.

하나님의 뜻과 상관없이 바쁘게 사는 것은 부지런한 것이 아닙니다. 그것은 오히려 게으른 것입니다.

이 책을 읽고 있는 분들은 게으르지 않은 사람들일 것입니다. 최소한 이 책을 읽을 정도의 부지런함은 있으니까 말입니다.

주일이면 아침 일찍 교회에 나와 여러 가지 섬김을 다하고 있을지도 모릅니다. 어쩌면 믿지 않는 가족들로부터 교회에 미쳤다는 얘기를 듣고 있을지도 모릅니다.

그러나 그것이 무슨 의미가 있습니까? 그것들이 습관적으로 반복될 뿐이라면 모두 자기만족을 위한 것입니다.

변화된 삶을 살려는 정직한 고뇌, 거룩해지려는 진지한 염려와 근심, 진리를 알려는 갈망이 없다면, 그것들은 모두 자기만족을 위한 종교 생활일 뿐입니다. 신앙생활이 아닙니다. 신앙생활은 사랑 생활이기 때문이니, 사랑은 게으를 수 없습니다.

돌쩌귀를 따라서 문짝이 돌듯이 살아갑니다. 그것은 인생을 살아가는 것이 아니라, 그냥 살아 있음에 끌려다니는 것입니다. 목숨이 붙어 있기에 살아 있고, 살아 있기에 그냥 있는 것입니다. 거기에는 주체성이 없습니다. 그것을 어찌 자기 인생이라고 말할 수 있겠습니까?

'자기 주도적 학습'이라고요? 자신이 주도하지 않는 공부가 학습이기는 합니까? 그것이 무슨 학습입니까? 세뇌지요.

게으른 사람은 선한 목표를 향한 자율성이 없습니다. 목표 의식 없이 쫓기며 사는 것은 단팥 없는 찐빵과 같습니다. 모양만 찐빵이듯이, 사는 게 아닙니다. 어찌하다 보니 일이 많아졌고, 그 일에 끌려다니며 살다 보니 바빴지만, 사실은 게으른 채 살아 있었던 것입니다.

그런 삶에는 진정한 행복이 없습니다. 허무감을 잊기 위해 더욱 일에 몰두하기도 하는데, 그것은 일의 노예로 사는 것입니다. 이런 타율적인 삶이 지속되면, 영혼은 피곤하고 육체는 지칩니다.

이런 사람들은 말씀으로 자극받지 않습니다. 깨달으려는 열정이 없기 때문입니다. 그들에게는 진리들이 잊혀지는 것이 선물입니다. 이따금이라도 스치는 말씀의 빛이 양심을 찌르기 원치 않기 때문입니다.

목표 없이 사는 것은 영혼을 고사시킵니다. 삶은 기도를 넘어서지 못하고 기도는 삶에 묶입니다. 사는 것만큼 기도하고 기도하는 것만큼 살 수 있기 때문입니다. 이런 사람에게는 가슴 저미는 기도 제목이 없습니다.

그런 기도를 하려면 성취하지 못한 안타까움이 있어야 하는데, 그럴 만한 목표가 없기 때문입니다. 간절히 살지 않는데 어찌 간절히 기도할 수 있겠습니까?

어떤 사람에게 일을 시켜 보면 그에 대해서 더 잘 알게 됩니다. 몇 번 같은 일을 해 보면, 사람들은 좋은 결과를 끌어내는 방법을 스스로 터득합니다. 그런데 그게 안 되는 사람들이 있습니다.

일을 시키고 난 후에는 반드시 그가 한 일을 점검하거나 확인을 해야 하는 사람이 있습니다. 지혜가 부족하거나 성실하지 않기 때문입니다. 그들은 주어진 일을 함으로써 체계적인 질서를 배우지 못합니다. 그래서 일머리가 없습니다.

선하고 의미 있는 일을 하기로 작정했습니까? 그러면 자신과의 약속을 따라야 합니다. 꾸준히 애써야 합니다. 누가 보든지 안 보든지 실천해야 합니다. 세운바 결심대로 행하며 이유 없이 포기하지 않아야 됩니다. 그러나 게으른 자는 그렇게 하지 않습니다.

* * * * * *

부지런한 사람의 마음은 반짝이는 거울과 같습니다. 자신의 삶을 정확하게 성찰합니다. 순간순간 반성합니다. '내가 이렇게 살아도 되는가? 나는 잘 살고 있는가?'

이런 사람은 자기 생활을 고칠 수 있습니다. 그때 바람직한 변화가 나타납니다. 그런 사람은 하나님을 의지합니다. 자기의 약함을 깨닫고, 겸비한 마음으로 하나님을 바라봅니다.

왜 마음이 침상을 뒹굽니까? 선한 의무에 대해 싫증을 느끼기 때문입니다. 선한 의무에 대한 열심이 사라지면, 마음은 부패한 정욕에 물들게 됩니다.

은혜를 받았다고 삶의 현장이 바뀌는 것은 아닙니다. 여전히 직장에 다니고, 가정을 돌보며, 학교를 다닙니다. 은혜를 받아도, 시험에 들어도 일상생활의 틀은 바뀌지 않습니다.

일상만 보면 참된 신자인지, 게으른 사람인지 알 수 없습니다. 그러나 참된 신자와 게으른 사람은 서로 다른 삶을 삽니다.

한 사람은 열렬한 영혼으로, 또 다른 사람은 싫증난 영혼으로 살아갑니다. 저 사람은 죽은 자로 살고, 이 사람은 산 자로 살아갑니다. 저 사람을 통해서는 모욕을 받으시고, 이 사람을 통해서는 영광을 받으십니다.

환경이 좋아지면 열심히 살 것이라고 생각하지 마십시오. 환경은 우리 편이 아닙니다. 극복하고 이겨야 할 대상입니다. 인생을 엉망으로 만드는 것은 환경이 아니라, 게으름입니다.

마음의 게으름은 영혼까지 망가뜨립니다. 하나님과의 관계를 깨뜨리고 다른 사람들과의 관계도 깨뜨립니다. 다른 사람에게 그릇된 영향을 줍니다. 존귀하게 태어난 사람이 이웃에 누를 끼치며 살게 합니다.

매일 바쁘게 지내지만, 하나님 없이 살고 있지는 않습니까? 뜻 없이 되풀이되는 생활을 하고 있지는 않습니까? 일은 하는데, 정작 하나님과의 친밀한 관계는 사라지지 않았습니까? 바쁘게 살아도 그것은 게으른 삶입니다.

껍질뿐인 신앙의 속을 들여다보십시오. 하나님 사랑으로 채워지지 않는 자신의 마음을 보십시오. 게으른 삶을 살고 있는 영혼의 상태를 진단해 보십시오.

한 번밖에 없는 인생을 살면서 무엇을 고민하고 있는지 마음의 소리에 귀 기울여 보십시오. 인생을 낭비하지 마십시오. 게으름과 헤어질 결심을 해야 할 때입니다.

"게으른 자는 말하기를, '사자가 밖에 있으니, (내가 밖으로 나가면)
큰 길들 한가운데서 죽임을 당하리라.'라고 한다"(잠 22:13, KNJ 私譯).

אָמַר עָצֵל אֲרִי בַחוּץ בְּתוֹךְ רְחֹבוֹת אֵרָצֵחַ׃

제2장

게으름의 뿌리, 자기 사랑

게으르기로 소문난 농부가 있었습니다. 그날도 다른 식구들은 모두 밭으로 일하러 가고, 혼자 집에 남아 하루 종일 빈둥거리고 있었습니다.

　나른한 오후, 대청마루에 누워 낮잠을 자고 있는데 이상한 소리가 들렸습니다. 무슨 소린가 싶어 농부는 게슴츠레 눈을 떴습니다. 그런데 이게 웬일입니까? 환한 대낮임에도 불구하고 어떤 간 큰 도둑이 담을 넘고 있는 것이 아니겠습니까?

　도둑이 낡은 담장을 타 넘으면서 건드린 벽돌이 땅에 떨어지는 소리였습니다. 그러나 농부는 다시 스르르 잠으로 빠져들었습니다. 그러면서 중얼거렸습니다. "어어, 도둑이네……. 저놈, 마당에 내려오기만 해 봐라."

　이내 "쿵" 하는 소리가 들렸습니다. 도둑이 담에서 뛰어내려 마당을 살금살금 걸어오고 있는 게 아니겠습니까? 하지만 농부는 내려오는 눈꺼풀을 이기지 못하며 중얼거렸습니다. "이놈, 집 안에 들어오기만 해 봐라."

　농부가 깊이 잠든 줄로 안 도둑은 살금살금 집 안으로 들어왔습니다. 누워 있는 농부의 옆을 지나 안방으로 들어갔습니다. 하지만 여전히 농부는 잠에 취한 채 속으로 중얼거렸습니다. "저 놈이 안방으로 들어가네. 뭘 가지고 나오기만 해 봐라."

　얼마 후 도둑은 안방에서 나왔습니다. 값이 나갈 만한 물건들을 한 보따리 짊어진 채 말입니다. 그리고 대문 쪽으로 걸어갔습니다.

　집주인은 대문을 열고 나가는 도둑의 흐릿한 뒷모습을 보고 있었습니다. 하지만 잠에서 깨어나지 못하고 중얼거렸습니다. "이놈, 다시 오기만 해봐라."

*

지금 세상에는 실내에서 일하는 직업들이 많이 있지만, 잠언이 기록될 당시는 농경 사회였습니다. 집 안에서 할 수 있는 일이 많지 않았습니다. 그러니 밖으로 나가려 하지 않는 것은 일하지 않으려는 것이었습니다.

잠언은 지혜자가 백성의 일상을 보며 터득한 교훈들입니다. 지혜자는 어떤 관점에서 게으른 자를 바라보았을까요? 그의 시선은 게으른 자의 영적 상태를 향하고 있습니다.

지혜자는 게으른 자가 의무를 회피하는 방식을 주목하고 있습니다. 그것은 바로 핑계였습니다. "밖에 사자가 있다. 나가면 그 사자에게 찢겨 죽을 것이다."*

게으른 자라고 해서 혀까지 게으르진 않습니다. 말을 잘하는 사람이 많습니다. 게으른 자일수록 핑계와 변명이 많습니다. 게

---

*   본문에서 '게으른 자'라는 말은 히브리어로 **아첼**(עָצֵל)이라는 단어인데 이것은 **아찰**(עָצַל)이라는 동사에서 나온 말이다. **아찰**은 '한가하게 기대다, 늦추다, 머뭇거리다.'라는 뜻의 동사로 '게으르다.'라는 의미를 지니고 있다. Francis Brown, Samuel Rolles Driver, Charles Augustus Briggs, *The Brown-Driver-Briggs Hebrew and English Lexicon* (Peabody: Hendrickson Publishers, 2003), 782.

으른 자는 왜 핑계를 대는 것일까요? 게으름이 나쁘다는 것은 모두가 인정하는 바입니다. 그래서 자신의 삶을 정당화할 구실을 찾는 것입니다.

게으름은 빗나간 자기 사랑입니다. 게으른 사람들은 좀처럼 자기가 잘못됐다는 사실을 인정하지 않습니다. 끊임없이 핑계와 구실을 찾습니다.

사람이 항상 바쁘게 살 수만은 없습니다. 때로는 휴식이 필요합니다. 특히 몸과 마음이 많이 지쳤을 때는 잠시 쉬는 것도 하나님의 일입니다. 일할 때 몰두하고, 쉴 때는 긴장을 풀어 줘야 합니다. 마치 연주가 끝난 현악기의 줄을 풀어서 보관하듯이 말입니다.

우리에게는 적절한 휴식이 필요합니다. 그러나 자신의 부패한 성품을 잘 이해하며 휴식을 취해야 합니다. 들어주어야 할 당연한 휴식의 요구와 거부해야 할 게으름의 정욕을 구분해야 합니다.

이를 위해서 내 몸과 마음이 어느 지점까지 일할 수 있고 긴장을 견딜 수 있는지를 알아야 합니다. 그래야 휴식을 원하는 마음의 요구가 합당한지, 부당한지를 판단할 수 있지 않겠습니까?

게으른 사람이라고 해서 힘든 일을 전혀 하지 않는 것은 아닙니다. 자기가 좋아하는 일은 열심히 합니다.

온종일 빈둥거리며 스마트폰만 들여다보는 사람이 있다고 칩시다. 어느 날, 가장 좋아하는 채널의 영상을 보고 있는데 갑자기 이상이 생겼다면, 그는 어떻게 할까요?

벌떡 일어나 그것을 수리할 방도를 찾을 것입니다. 수리 센터에 전화를 합니다. "뭐라구요? 오늘 퇴근 시간 두 시간 전까지 안 가면, 3일 후에나 고칠 수 있다구요?" 그는 즉시 자기 스마트폰을 들고 직접 거기로 달려갈 것입니다. 그때는 아무도 그가 게으른 사람이라고 믿지 않을 것입니다.

무엇이 그 사람으로 하여금 분주하게 움직이게 했을까요? 스마트폰이 고장 난 순간, 변하여 새사람이 된 것일까요?

그렇지 않습니다. 그는 여전히 게으른 사람입니다. 다만 좋아하는 것을 못 하게 되었기에 바쁘게 움직인 것뿐입니다.

게으름은 삶의 속도만이 아니라 방향과도 관계가 있습니다. 게으름의 뿌리를 '빗나간 자기 사랑'이라고 표현하는 데는 이유가 있습니다. 그런 사랑은 하나님이 의도하신 것이 아니라는 뜻입니다.

그런 사랑은 다른 사람은 물론, 자신도 유익하게 하지 못합니다. 자기를 위한답시고 한 사랑인데, 결국은 자신과 이웃에게 해를 끼치게 됩니다.

✶✶

자기 사랑의 정체는 무엇일까요? 그것은 하나님보다 자기 자신을 더 위하는 마음입니다. 게으름은 하나님께 영광을 돌리는 것을 보람으로 여기지 않습니다. 지금 당장 좀 더 편해지고자 할 따름입니다.

가족들 중 게으른 사람이 있습니까? 남편이 게으르면 아내가 힘들게 살아야 합니다. 아내가 게으르면 남편도 힘들 것입니다. 두 사람이 게으르면 온 가족이 힘겹게 살지 않겠습니까?

자기 사랑은 본능적 욕구입니다. 그것은 누가 가르쳐 주지 않아도 원래 가지고 있습니다. 자신의 이익에 민감합니다. 자기를 학대하는 사람도 있지만, 그것도 알고 보면 뒤틀린 방식으로 자기를 사랑하는 것입니다. 누구나 자신을 사랑합니다. 그러나 자기를 참되게 사랑하는 것은 자기 힘으로 되지 않습니다. 은혜가 아니면 불가능합니다. 왜냐하면 참된 자기 사랑은 하나님을 사랑함으로써만 가능하기 때문입니다.

그릇된 자기를 사랑하면 하나님을 대항해야 하며, 참된 자기를 사랑하려면 자신의 이기적인 욕망을 버려야 합니다. 그래서 위대한 교부 아우구스티누스(Aurelius Augustinus, 354-430)는 『요한복음 강론』(*In Joannis Evangelium Tractatus*)에서 말했습니다.

"자기를 사랑하고 하나님을 사랑하지 않는 사람은 사실상 자기를 전혀 사랑하지 않는 사람이다. 이에 비해 참으로 자기를 사랑하는 사람은 하나님을 사랑하고 자기를 사랑하지 않는 사람이다."*

무슨 뜻인지 아시겠습니까? 하나님을 사랑하지 않고 자기를 사랑하면 결국 불행하게 되기 때문에 진짜 자기를 사랑하지 않는 것이고, 하나님을 사랑하고 자기를 사랑하지 않으면 결국 하나님 때문에 행복하게 될 것이기에 진짜 자기를 사랑하는 것이라는 의미입니다.

투수로 활약하던 어떤 야구 선수의 이야기입니다. 그는 위력 있는 변화구를 던지고 싶었습니다. 그러나 검지와 중지가 짧은 것이 문제였습니다.

그는 고민 끝에 두 손가락의 길이를 늘이기 위해 손가락 사이를 깊이 파는 정형 수술을 했습니다. 상처가 회복된 후, 그는

---

* "Nescio quo enim inexplicabili modo, quisquis seipsum, non Deum amat, non se amat; et quisquis Deum, non seipsum amat, ipse se amat." Aurelius Augustinus, *In Joannis Evangelium Tractatus CXXIV*, in *Patrologia Latina, Cursus Completus*, vol. 35, ed. J. P. Migne (Paris: Excudebatur et venit apud J. P. Migne, 1845), 1968.

제2장 게으름의 뿌리, 자기 사랑

다른 이들이 보기에 약간은 기형(畸形)이 된 손으로 원하던 공을 던지며 만족스러워하였습니다. 그에게는 최고의 투수가 되는 것이 손가락의 예쁜 모양보다 더 중요했습니다.

하나님의 사랑을 알고 삶의 목표를 바르게 정하십시오. 그 목표에 맞게 생활의 질서를 재편하십시오.

하나님은 우리를 돌보십니다. 새도 먹이시고 백합도 입히시는 하나님이 어찌 우리를 돌보지 않으시겠습니까?(눅 12:28-29) 그러나 노동을 통해서 그렇게 해주십니다. 감나무 아래 누워 입을 벌린 채 기다리는 것은 믿음이 아닙니다.

게으른 사람은 가난한 마음으로 하나님을 의지하지 않습니다. 게으른 사람들 가운데에는 인생에 대해 긍정적인 생각을 가진 사람이 많지 않습니다. 그렇게 비관적인 이유는 노력하지 않기 때문입니다. 만약 그가 낙관적이라면 생각이 없기 때문입니다. 게으른 자의 낙관주의는 신뢰할 수 없습니다. 왜냐하면 그 근거가 부족하기 때문입니다.

노동을 하지 않는 것을 부러워해서는 안 됩니다. 그것은 돈을 벌고 못 벌고 안 벌고의 문제가 아닙니다. 노동은 죄가 들어오기 전에도, 인간의 의무이자 특권이었습니다. 노동을 통해서 인생의 의미를 발견하고, 이웃을 이롭게 하며, 하나님께 영광을 돌리도록 태어났습니다.

어떤 사람들은 아담과 하와가 선악과를 따먹지 않았다면, 우리가 지금까지 에덴동산에서 놀면서 지낼 것이라고 생각합니다. 그것은 틀린 생각입니다. 그들은 에덴동산에서 일했습니다.

아담은 그 많은 짐승들에게 하나하나 이름을 붙여 주며, 지식으로 세상 만물들의 질서를 잡아갔습니다(창 2:19–20). 쉬운 일이 아니었을 것입니다. 그러나 그가 얼마나 기쁜 마음으로 그 일을 했을까요? 죄가 들어오지 않았더라면, 낮에 기쁘게 노동을 하고 저녁에는 행복하게 잠들었을 것입니다.

죄가 없는 상태의 에덴동산을 가꾸어 가는 데도 노동이 필요했습니다. 그렇다면 죄로 말미암아 망가진 이 세상을 고치는 일에는 얼마나 더 많은 노동이 필요하겠습니까? 그러나 게으른 자는 사명이라는 단어를 모릅니다.

유럽에서 본받고 싶은 제도가 사회 보장 제도입니다. 그것은 아무 사람이나 원칙 없이 무한정으로 도와주는 것이 아닙니다. 그중의 한 예가 장애인들을 위한 직업 정책입니다.

사회 활동을 하기 어려운 사람들에게 그저 돈만 주지 않습니다. 많은 비용을 투자해서라도, 그들이 노동할 수 있는 환경을 만들어 줍니다. 사회적으로 그렇게 배려해 주지 않으면, 그들은 죽을 때까지 보조금으로 살아야 하기 때문입니다. 그런 방식의 삶은 그들을 사회의 구성원으로 당당하게 살아가게 하지 못합니다.

정신에 장애 증상이 있는 사람들을 모아 놓고 일할 수 있는 기회를 줍니다. 일의 효율성이 떨어지더라도 천천히 가르쳐 줍니다. 햄버거를 포장하는 것 같은 단순 노동을 통해서라도 생산에 기여할 수 있도록 도와줍니다. 그들이 노동의 대가로 살 수 있도록 평생직장을 만들어 주는 것입니다. 너무 훌륭하지 않습니까?

노동은 인간에게 자신의 가치를 깨닫게 해줍니다. 보람 있는 노동을 할 때 건강한 정신이 함양됩니다. 하나님을 알고 세상을 이해하고 자신의 존재 목적을 깨닫고 일하면서 살아갈 때 거기서 인생의 보람을 얻습니다.

자기가 왜 태어났는지도 모르고, 어떻게 살아야 할지도 모르는 사람들이 어찌 행복할 수 있겠습니까? 노동이 하나님의 축복임을 잊지 말아야 합니다.

"……네 손이 수고한 대로 먹을 것이라……"(시 128:2).

저는 한때 생각했습니다. 죄와의 싸움이 너무 힘겨웠습니다. '하나님은 왜 이렇게 어렵게 거룩한 삶을 살게 하시는 걸까? 한 번 구원으로 완전한 사람이 되고, 단번에 죄에 초연한 사람이 되게 하셨으면 얼마나 좋았을까?'

신앙생활을 하면서 깨닫게 되었습니다. 끊임없는 은혜와 분투 속에서 온전한 사람이 되어 가게 하시는 것이 축복임을 알게 되었습니다. 거기에 참여하도록 불러 주시는 것이 특권임을 깨닫게 되었습니다.

우리에게는 주어진 사명과 역할들이 있습니다. 하지만 일을 맡은 것만으로는 의미가 없습니다. 그것들을 훌륭하게 수행해 내야 합니다.

그런데 우리에게 오직 한 가지 역할만 맡겨진 경우는 없습니다. 여러 가지 일들을 해내야 합니다. 한 직장의 구성원으로서, 한 가정의 일원으로서, 한 교회의 직분자로서 여러 역할을 감당하고 있습니다.

모든 일을 다 잘할 수는 없습니다. 따라서 자신의 삶을 면밀히 살피면서 가치의 질서를 정해야 합니다. 그 질서를 따라 목표에 집중해야 합니다. 쓸모없이 낭비되는 시간을 줄여야 합니다. 그렇게 하지 않으면 제대로 감당해 낼 수 없습니다. 결국 이런 변명이나 하지 않겠습니까?

"몸은 하나인데 맡겨진 일은 많았노라. 시간이 없었노라. 그래서 제대로 한 일이 없었노라. 그냥 있다가 죽었노라."

제2장 게으름의 뿌리, 자기 사랑

몸이 두 개인 사람도 없고, 하루가 25시간인 사람도 없습니다. 시간이 부족해서라기보다도 게을러서 못한 일이 많았음을 인정해야 합니다.

* * *

부지런한 삶이 빛나려면 지혜가 필요합니다. 급한 일과 꼭 해야 할 일들을 구별하여 처리할 수 있는 분별력이 요구됩니다. 맡겨진 일을 잘 처리하기 위해 필요한 기술은 갖춰야 합니다.

시간을 효율적으로 사용해야 합니다. 설거지를 하거나 청소를 할 때도 좀 더 빨리, 좀 더 잘 할 수 있어야 합니다. 주어진 일을 효과적으로 빨리하는 것, 그것이 시간을 버는 길이기 때문입니다.

오랫동안 해 온 일임에도 불구하고 보다 효과적인 방법을 터득하지 못한 것은 생각 없이 일해 왔기 때문입니다. 가치 있는 일을 위해 보다 나은 방법을 찾는 것은 부지런한 사람의 특징입니다. 게으른 사람은 해야 할 일을 안 할 구실을 찾지만, 부지런한 사람은 하지 않고 있는 일들 중에서 해야 할 일을 찾습니다. 그 일을 효과적으로 수행하는 방법을 연구합니다.

현재 하고 있는 일의 대부분은 앞으로도 반복해서 해야 할 일입니다. 따라서 그것을 효율적으로 하는 방법을 터득하면 많은 시간을 벌 수 있습니다.

언젠가 컴퓨터로 글을 쓰다가 각주의 글씨 크기를 바꾸어야 할 일이 있었습니다. 하나하나 각주를 찾아 들어가서 원하는 크기로 조정하였습니다. 그런데 잠시 제 방에 들렸던 청년이 지켜보더니, 다가와서 마우스를 가지고 몇 번 클릭해 주었습니다. 신기하게도 불과 몇 초 만에 100여 개의 각주들이 한꺼번에 원하는 대로 바뀌었습니다. 이처럼 지혜가 없으면 시간을 낭비하게 됩니다.

이따금 목회자인 독자들로부터 나의 삶이 이해가 가지 않는다는 이야기를 듣습니다. 설교 준비하랴, 심방하랴, 강의하랴, 집회에 나가랴 바쁠 텐데 언제 시간이 나서 연구하고 또 많은 책을 쓰느냐는 것입니다.

이런 질문을 하는 분들도 모두 바쁘게 사는 분들입니다. 물론 나도 젊은 시절 게으름과 싸우던 때가 있었습니다. 덜 자고, 덜 먹고, 덜 놀려고 애썼습니다. 인생은 모래시계라고 생각하고, 시간을 금처럼 여겼습니다.

그러나 그것만으로 그 많은 일을 해내기에 충분하지 않았습니다. 그래서 스스로 해야 할 일과 다른 사람에게 맡겨도 되는 일,

끝까지 해내야 할 일과 과감히 포기해야 할 일을 빨리 결정했습니다. 제가 하지 않아도 되는 일은 적합한 사람에게 맡기고, 스스로 해야만 하는 일에 몰두하였습니다. 그 일을 보다 빠르고 완벽하게 수행하는 방법들을 터득하려고 애썼습니다.

이러한 노력은 제한된 시간을 남보다 더 효율적으로 사용할 수 있게 해주었습니다. 제게는 평생 기도 제목이 있습니다.

> "일을 할 때 먼저는 그 일을 정확하게 아는 지식과, 효과적으로 수행할 수 있는 지혜와, 그것을 반드시 해내고자 하는 열정을 주시옵소서."

같은 인생의 길이를 살아도 더 많이 사는 길이 있습니다.

첫째로, 어떤 일을 얼마나 잘 해내는지는 지식에 달렸습니다. 이것은 직무에 대한 정확한 앎입니다. 자기가 알지 못하는 것은 남에게 시킬 수도 없습니다. 시키지 못하는 사람은 그들의 성과를 평가할 수도 없습니다. 평가할 수 없으니 발전할 수 없고, 결국에는 경쟁력을 상실하게 됩니다.

둘째로, 그것을 효과적으로 수행하는 방법을 익히는 것입니다. 그것은 그냥 아는 것이 아닙니다. 몸으로까지 익히는 것입니다. 장인이나 달인들이 그런 사람들입니다. 자기의 일을 정확히 알고, 효과적으로 수행해 내는 기술까지 있다면, 그의 부지런함은 더욱 빛날 것입니다.

셋째로, 어떤 일을 해내고자 하는 열정(熱情)입니다. 게으른 사람은 자기 몸을 편하게 하고자 하는 것 말고는 특별한 의욕이 없습니다. 그래서 맡겨진 일이 자기 인생에 무슨 의미를 갖는지 모릅니다. 그러나 부지런한 사람은 열정을 품고 살아갑니다.

* * * *

인생이라는 운동장에서 하늘나라를 향한 경주를 시작합니다. 제 길로 들어서 가볍게 뛰어가는 사람도 있을 것이며, 달려가는 이도 있을 것입니다. 그러나 바보같이 엉뚱한 방향으로 내달리는 사람도 있을 것입니다.

꾸준히 걷는 사람이 있는가 하면, 조금 가다가 주저앉아 버린 사람도 있을 것입니다. 심지어 길가에 주저앉아 놀고먹는 사람도 있을 것입니다.

어떤 사람이길 원합니까?

우리가 게으름을 버리지 않는 한, 인생이라는 운동장을 달리는 모습은 하나님 보시기에 한심할 것입니다. 트랙을 달리고 있는 선수에게 휴식은 없습니다. 경기 종료 신호가 울리기까지 그는 멈추지 말아야 합니다.

살아 있다는 것은 살아가야 한다는 것입니다. 그리고 살아간다는 것은 목표가 있음을 의미합니다. 선한 목표가 있다면 최선을 다해 달려가야 합니다. 거기서 울고 웃고 기뻐하고 슬퍼하며, 보람과 의미를 찾아 가는 것이 인생의 행복입니다.

인생이라는 경기의 종료 휘슬이 울릴 때, 승리의 환희를 느끼고 싶지 않습니까? 경기에서 이긴 선수처럼, 인생의 감독이신 하나님께로 달려가서 감격적인 포옹을 하고 싶지 않습니까?

"게으른 자의 욕망은 그를 죽인다.
왜냐하면 그의 두 손이 일하기를 거부하기 때문이다"(잠 21:25, KNJ 私譯).

תַּאֲוַת עָצֵל תְּמִיתֶנּוּ כִּי־מֵאֲנוּ יָדָיו לַעֲשׂוֹת׃

제3장

게으름의 발전, 정욕

중국인 저널리스트가 쓴 중국 황제들의 삶에 관한 책을 흥미롭게 읽었습니다. 절대 권력 뒤에 숨겨진 황제들의 본모습을 그린 책이었습니다.

중국 역사에는 약 560여 명의 황제가 있었는데, 그들 중 대부분이 정치하는 일 말고 일상생활에서 몰두했던 일은 딱 두 가지였습니다. 바로 식탐(食貪)과 색탐(色貪)이었습니다.

백성들은 하루 두 끼도 제대로 못 먹는데 그들은 하루에 네 끼를 먹었습니다. 황제의 한 끼 식사를 위해 동원되는 식자재는 수백 가지에 달했으며, 때로는 그 양이 평범한 백성의 반년 치 양식에 해당하기도 했습니다.

어떤 황제는 조리사만도 수백 명을 거느렸습니다. 기록에 따르면 보다 더 신선하고 진귀한 먹거리를 찾기 위한 조직까지 갖춘 황제도 있었다고 합니다. 그러니 그 식탁이 얼마나 화려했을

지는 짐작할 만합니다.* 그런데 그렇게 살다 간 황제들의 인생은 과연 행복했을까요?

천자(天子)의 권력을 휘둘렀으나 그들 중 대부분은 비참한 최후를 맞이하였습니다. 황제가 바뀔 때마다 황실은 피바다를 이루는 경우가 허다했습니다.

정변을 겪지 않은 황제라 하더라도 천수를 누린 경우는 극소수에 불과했습니다. 그들의 과도한 식탐과 지나친 색탐 때문이었습니다.

기록에 따르면 당 현종(玄宗, 685-762)을 비롯한 몇몇 중국 황제들은 만 명이 넘는 후궁을 거느렸고 가장 적은 수의 여자를 거느

---

* 장위싱, 『중국 황제 어떻게 살았나』, 허유영 역 (서울: 지문사, 2003), 26, 7-89, 175-176.

렸던 황제도 100여 명의 후궁을 두었다고 하니, 그들의 방탕한 삶을 어찌 말로 다할 수 있겠습니까?

나라가 어려울 때는 지혜롭고 성실하던 제왕들이 태평성대가 되었을 때는 예전의 총명을 잃고 정욕에 빠지게 됩니다. 모두 게으름이 발전된 결과입니다.

다윗이 그러했습니다. 나라가 강해지고 태평성대를 이루게 되자 전쟁이 일어났는데도 참전하지 않았습니다. 궁궐에서 낮잠을 자고 일어나서 옥상을 거닐다가 목욕하는 여인을 보았습니다(삼하 11:2). 그녀는 충성스러운 신하 우리아의 아내 밧세바였고, 다윗은 간음을 했습니다.

그 일로 그는 가혹하리만치 긴 세월을 영혼의 어둠 속에서 신음했습니다. 그 사건은 게으름이 어떻게 정욕으로 발전하는지를 보여주는 좋은 예입니다.

*

게으름에 관한 잠언의 교훈들은 보석과 같습니다. 어둠 속에서 만질 때는 한낱 유리 알갱이처럼 느껴지지만, 빛에 비추면 찬란한 광채를 발합니다.

이와 같습니다. 무지할 때는 그것들이 무미건조하게 느껴지지만, 빛을 받아 깨닫게 되면 마음은 놀랍게 변화됩니다.

아침에 일어나면 누구나 단장하는 데 시간을 씁니다. 사람마다 차이가 있겠지만, 잠자리에서 일어난 부스스한 모습으로 하루를 시작하는 사람은 거의 없습니다.

하루를 잘 살기 위해서 마음을 단장하는 데 어느 정도의 시간이 필요할까요? 물론 사람마다 다를 것입니다. 분명한 사실은 상당한 시간이 요구된다는 것입니다.

영적으로 뛰어난 사람들은 거룩한 욕구도 많기에 시간이 요구되고, 영적으로 연약한 사람들은 즉시 신령한 은혜를 누릴 수 없기에 시간이 필요합니다.

많은 사람이 일의 노예가 되어서 아침부터 밤까지 허덕이며 살아갑니다. 인생의 의미나 보람 같은 것들에 대해서 생각할 겨를도 없습니다. 그리스도를 깊이 묵상함으로 위로와 격려를 받지 못합니다.

아침이면 일어나서 세수하고 밥 먹고 일터로 달려가기에 바쁩니다. 퇴근하면 집에 돌아와서 세수하고 밥 먹고 잠옷 바람으로 누워 텔레비전이나 보다가 잠이 듭니다. 이런 삶은 거의 동물 수준의 삶입니다. 그는 변명할지도 모릅니다.

"영혼을 돌아보며 사는 일이 싫어서 안 하는 게 아니다. 현실적으로 너무 바쁘고 힘이 들어 못 하고 있을 뿐이다."

이러한 생각은 두 가지 점에서 틀렸습니다. 첫째로, 그것은 하나님을 향하여 살 의지가 없음을 보여주기 때문입니다. 둘째로, 그것은 스스로 하나님 없이 사는 삶을 선택한 것이기 때문입니다.

도대체 우리는 왜 살고 있습니까? 내 인생의 의미는 무엇입니까? 이렇게 분주하게 살고 난 후에는 어디로 가는 것일까요?

바빠서 영혼을 돌아볼 수 없다는 것은 모두 핑계입니다. 사실은 그렇게 하고 싶지 않은 것입니다.

은혜를 누리던 때를 생각해 보십시오. 자신의 한계를 넘어서 하나님께 간절히 매달렸습니다. 시간이 남아서였습니까?

아닙니다. 오히려 치열하게 살고, 고난을 겪고, 고민이 많던 때였습니다.

그러나 은혜를 갈망했기에 마음을 쏟아 기도할 수 있었습니다. 바쁜 일과 속에서도 영혼의 시선을 하나님께 고정하며 그렇게 살 수 있었던 것입니다.

**

 로또 복권이 출시되고 나서 온 나라가 로또 열풍으로 들썩였었습니다. 로또에 1등으로 당첨될 확률은 약 814만분의 1이라고 합니다. 벼락을 열세 번 맞을 확률과 비슷하다고 합니다.

 사람들은 복권 당첨이 자기에게 일어날 것이라는 환상을 갖습니다. 이것이 허황되다는 사실을 몰라서가 아닙니다. 성실하게 노력하며 사는 것에 지쳤기 때문입니다.

 희망이 보이지 않는 현실에 꾸준히 노력하며 살아도 나아질 것이 별로 없다 여기기 때문이 아닐까요?

 은혜의 세계에서도 마찬가지입니다. 많은 그리스도인들은 자기를 부인하고 죄를 죽이며 거룩함으로 나아가는 매일의 실천을 좋아하지 않습니다. 그것이 너무 힘들고 불가능해 보이기 때문입니다. 그래서 그들은 커다란 은혜가 부어져 한방에 모든 문제들이 해결되기를 원합니다. 그런데 이런 심리의 이면에는 게으름이 있습니다.

 아직도 많은 그리스도인들이 은혜의 한탕주의를 꿈꾸는 것이 아닐까요? 헌금 봉투 하나 들고 "주여, 믿사오니"를 외칩니다. 지성의 스위치를 끈 채 아무거나 믿고 매달리면, 한순간 불을 받아 인생의 문제가 해결될 것이라고 생각하는 것은 아닐까요?

이런 생각의 뿌리에 게으름이 있습니다. 영적 생활에 대한 게으름입니다.

인생 대박을 바라는 사람들의 공통점은 진정한 꿈이 없다는 것입니다. 그 꿈에 대한 대가를 지불할 의지가 없습니다. 이렇게 희생과 고통 없이 그저 단번에, 원하는 것을 손에 넣고자 하는 것은 게으른 본성 때문입니다.

끊임없이 은혜를 누리며 살고 싶습니까? 일체의 부지런함과 성실함으로 경건에 힘써야 합니다. 기도하는 대로 살고자 하고, 더 잘 살고자 기도해야 합니다.

게으름은 한 번에 만발하지 않습니다. 마음속에서 단계적으로 발전해 감으로써 영향력을 행사합니다. 그러면 게으름은 어떻게 발전할까요?

* * *

게으름이 발전하는 것도 단계가 있습니다. 첫 번째 단계는 최선을 다하지 않는 것입니다. 게으름의 첫 출발은 어떤 의무에 최선을 다하지 않는 것입니다. 그러면 왜 최선을 다하지 않는 것일까요? 그냥 힘이 들기 때문입니다.

게으름의 판단 기준은 의무와 관련됩니다. 의무가 없는 곳에는 게으름이라는 판단도 존재할 수 없습니다. 게으르면 의무를 이행하지 않습니다. 우리는 의무를 위해 최선을 다하지 않는 것을 악이라고까지 생각하지는 않습니다. 이처럼 게으름은 그 심각성을 숨긴 채 시작됩니다.

우리는 최선을 다해서 살아야 합니다. 왜냐하면 최선의 결과를 희망하기 때문입니다. 우리를 구원해 주신 하나님이 그렇게 살기를 원하시기 때문입니다. 그것이 우리에게도 인생의 기쁨이며 보람이기 때문입니다. 그러나 게으른 사람들은 그렇게 살기를 꺼립니다. 게으른 자의 대화를 들어 보십시오.

질문 "왜 의무를 행하지 않으십니까?"
대답 "내가 싫으니까."
질문 "왜 최선을 다하지 않으십니까?"
대답 "내가 힘드니까."

게으른 사람이 하나님을 사랑한다는 것은, 마치 전쟁이 시작되었는데 침상에서 뒹구는 군인이 나라를 사랑한다는 것과 같습니다. 게으른 사람은 맑은 영혼을 가질 수 없습니다. 두 눈은 예지에 빛날 수 없고 마음은 선한 의지로 가득 찰 수 없습니다.

두 번째 단계는 의무를 저버리는 것입니다. 최선을 다하지 않게 하는 데 성공한 게으름은 다음 단계로 넘어갑니다. 그것은 의무를 저버리게 하는 것입니다.

게으름의 발전은 자기 사랑의 확장입니다. 이것은 자기를 하나님의 자리에 두고자 하는 것입니다. 따라서 게으른 사람에게는 사명감이 없습니다.

오늘날, 사람들은 게으름을 대수롭지 않게 생각합니다. 그것이 문제라고 생각하지도 않습니다. 심지어 게으름을 칭찬하기까지 합니다.

그러나 그 게으름의 정체를 확인해 보십시오. 소스라치게 될 것입니다. 역사 속에서, 왕을 죽이려고 할 때 쓰는 방법이 있었습니다. 왕의 침실에 자객을 보내는 것만이 유일한 방법은 아니었습니다. 왕의 음식을 담는 그릇에 소량의 독을 묻혀서 서서히 죽이는 것도 효과적인 방법이었습니다.*

---

*　시대와 장소를 막론하고 수천 년 동안 왕들은 자신의 생명을 지키기 위해 독 감별사를 두어 음식을 먼저 맛보게 했다. 르네상스 시대의 토스카나와 베네치아 공화국에는 독약을 만드는 제조소까지 있었다고 하니 왕의 식탁으로부터 입는 의복에 이르기까지 독살의 안전지대는 없었던 것이다. 엘리너 허먼, 『독살로 읽는 세계사』, 솝희 역 (서울: 현대지성, 2021), 19-37.

제3장 게으름의 발전, 정욕

여기서 큰 칼을 들고 덤벼드는 자객이 살인, 간음, 거짓말, 배교 같은 것이라면, 서서히 고사(枯死)시키는 독은 게으름입니다.

이 게으름은 아예 의무를 팽개치게 하는 것으로 발전합니다. 왜 그럴까요? 하는 척하는 것도 아예 안 하는 것보다는 힘들기 때문입니다. 그러나 게으름의 발전은 거기서 멈추지 않습니다. 그 다음 단계로 넘어갑니다.

세 번째 단계는 정욕에 빠지는 것입니다. 의무를 팽개치게 하는 데 성공한 게으름은 거기서 만족하지 않습니다. 거기서 한 단계 더 나아갑니다. 정욕을 좇게 하는 것입니다.

쾌락, 그것이 바로 게으름의 공격적인 목표입니다. 게으름의 발전의 끝에는 길이 없습니다. 급히 길이 끊어지는 지점은 파멸의 벼랑 끝입니다.

한 사람이 어떤 사람인지를 알려면 그의 마음에 떠오르는 생각들을 보면 됩니다.*

---

* 그러므로 분명한 것은 우위를 점하는 자발적인 생각들이야말로 그 사람의 내적인 틀과 상태를 가장 분명하게 보여주는 최상의 확실한 표지(標識)이다. John Owen, *The Grace and Duty of Being Spiritually Minded*, in *The Works of John Owen*, vol. 7, ed. William H. Goold (Edinburgh: The Banner of Truth Trust, 1988), 277.

그것은 욕망과 관계됩니다. 자주, 강하게 떠오르는 생각이 바로 그 사람이 누구인지를 말해 줍니다.

며칠을 굶은 사자 앞에 피가 뚝뚝 떨어지는 커다란 살코기 덩어리를 걸어 두었습니다. 그런데 사자와 살코기 사이를 쇠창살이 가로막고 있습니다. 그 사자의 심정이 어떻겠습니까? 너무나 먹고 싶을 것입니다. 사자는 미친 듯이 침을 흘리며 울부짖을 것입니다. 그것은 사냥감을 좇아 숲속을 뛰어다닐 때보다 훨씬 더 힘든 일일 것입니다. 게으름의 끝은 정욕에 헐떡이는 것입니다.

정욕에 사로잡히게 되면, 더 이상 은혜의 지배 아래 살지 못합니다. 죄의 지배 아래 살게 됩니다. 구원받지 않은 사람과 다름없는 삶을 살게 됩니다.

게으름이 데려가고 싶어 하는 종착지는 배교자와 같은 삶입니다. 그것은 사실상 하나님 없는 삶입니다.*

---

* "신자 안에 잔존하는 죄를 죽이지 아니하여 번성하게 되면, 그것은……신자 안에 심어 놓으신 생명의 성령의 법을 대항하여 은혜를 쇠퇴시키고 정욕을 번성하게 합니다. 이러한 상황을 적절한 방법으로 다루어 죄를 죽이지 아니하고 방치하면 신자임에도 불구하고 사실상 죄의 절대적 지배 아래 살아가는 불신자와 방불한 삶을 살게 됩니다. ……죄의 궁극적인 계획은 신자를 죄 가운데로 사로잡아 두어서 하나님을 거

처음부터 게으름이 마음에 뿌리내리지 못하게 해야 합니다. 기쁨으로 의무를 충실히 행하기를 힘써야 합니다. 말씀대로 살고자 애써야 합니다. 그리스도의 희생을 본받아 살기를 힘써야 합니다. 이것이 자기 부인(自己否認)의 삶입니다.**

게으름과 싸우면서 "언제까지 이렇게 살아야 하나?", "나의 미래에 희망이 있나?" 하는 생각이 들 수 있습니다. 마음이 무겁고 답답할 수 있습니다. 그러나 믿음을 가져야 합니다.

하나님은 우리의 중심을 보십니다. 비록 많이 몸부림쳐도 조금밖에 진전이 없을지라도 마음을 보시고 은혜를 주십니다. 행한 일의 결과가 아니라 충성하고 분투하는 과정을 보시며 상을 주십니다.

경건한 삶에 회의를 느끼지 않도록 정신을 차리십시오. 의무에 대한 회의는 열정을 식게 하고 의지를 사라지게 합니다. 의무를 팽개치고 나면 온갖 정욕들이 벌 떼처럼 엄습할 것입니다. 게으름과 타협하는 것은 제비가 독사의 알을 자기 둥지에서 품는

스르는 배교에 가까운 삶을 살게 하는 것입니다." 김남준, 『죄와 은혜의 지배』(서울: 생명의말씀사, 2005), 37-40.

** 김남준, 『자기 깨어짐』(서울: 생명의말씀사, 2022), 173.

것과 같습니다. '내일부터, 다음 주일부터, 내년부터'라고 말하며 미루지 마십시오. 상황이 좋아지면 부지런히 살 것이라고 변명하지 마십시오. 깨달은 오늘이 게으름과 헤어지기 가장 좋은 날입니다.

* * * *

눈을 들어서 세상을 보십시오. 너무나 많은 사람들이 복음에서 소외되었습니다. 진리에 순종하며 살지 않습니다.

이런 세상에서 우리들이 어떻게 살아야 하겠습니까? 배교적인 신앙이 만연해 있는 때에 어떻게 진리를 아는 자답게 살 수 있을까요?

예수님을 따르는 제자의 길은 쉽지 않습니다. 그래서 신앙의 선배들은 믿음의 길을 목숨을 건 길이라고 생각했습니다. 그래서 지사충성(至死忠誠)과 일사각오(一死覺悟)를 말했던 것입니다. 그러나 게으른 자는 목숨을 걸 소원이 없습니다.

땀 흘리는 생활, 게으름을 이기는 실천, 의무를 행하는 열의가 있을 때, "하나님, 도와주세요."라고 기도하며 눈물 흘릴 수 있지 않겠습니까?

어느 날, 한 형제가 찾아왔습니다. 정말 바쁘게 직장 생활을 하는 형제였습니다. 잠시 이야기를 나누고 그에게 열심히 새벽 기도 생활을 하라고 권면했습니다. 그러자 그 형제는 정말 침울한 표정으로 말했습니다. "목사님, 제가 새벽에까지 일찍 일어나면 쓰러지고 맙니다." 그는 새벽 기도 할 뜻이 없는 것 같았습니다. 더 이상 말하지 않고 보냈습니다.

그런데 얼마 후, 그 형제가 다시 찾아왔습니다. 제발 기도 좀 하라는 나의 충고가 마음에 맴돌아 결국 새벽 기도에 나가기 시작했다는 것이었습니다. 그는 말했습니다.

"제가 깨달은 것이 하나 있습니다. 새벽에 일찍 일어나면 힘들 것이라는 것만 알았지, 하나님이 힘 주실 것이라는 것은 계산에 넣지 않았었습니다."

이처럼 하나님은 사람의 산술적인 계산을 깨뜨립니다. 그런 하나님을 믿기에 사람의 계산으로는 해답이 나오지 않는 일에 우리를 던질 수 있습니다.

부지런한 삶을 위해서 지불해야 할 고통과 인내가 쓴 것처럼 보여도, 게으르게 살다가 정욕에 삼켜져 당하게 될 고통에 비하면 아무것도 아닙니다.

게으름과 타협하고 싶어질 땐 예수님을 생각하십시오. 그 짧은 생애의 발자취 속에서 게으름을 발견할 수 있습니까? 의무에 태만하신 모습을 읽을 수 있습니까?

죄는 없으셨지만, 우리 육신의 모든 연약함을 지니신 분이셨습니다. 따라서 그분에게도 쉬는 것이 일하는 것보다 편하셨을 것입니다. 그러나 전도하시고, 병자를 고치시고, 기도하시고, 최선을 다해서 일생을 사셨습니다. 몸 바치시고 피 흘리시기까지 희생하며 사셨습니다.

게으름과 타협하고 싶을 때마다 예수님을 생각하십시오.

"나는 게으른 자의 밭과, 또 총명이 결핍된 사람의 포도원 옆을 지나갔다.
그랬더니, 보라! 가시넝쿨이 온 땅 위에 올라왔으며,
지면은 잡초들로 덮여 버렸고 돌담은 무너져 있었다.
그때 나는 깨달았다. 나의 마음에 적용하였고,
그 광경을 보고 한 교훈을 배웠다"(잠 24:30-32, KNJ 私譯).

עַל־שְׂדֵה אִישׁ־עָצֵל עָבַרְתִּי וְעַל־כֶּרֶם אָדָם חֲסַר־לֵב: וְהִנֵּה
עָלָה כֻלּוֹ | קִמְּשֹׂנִים כָּסּוּ פָנָיו חֲרֻלִּים וְגֶדֶר אֲבָנָיו נֶהֱרָסָה:
וָאֶחֱזֶה אָנֹכִי אָשִׁית לִבִּי רָאִיתִי לָקַחְתִּי מוּסָר:

제4장

게으름의 선택, 부주의

어느 회사에서 있었던 일입니다. 계약 부서에서 공사를 발주하기 위한 서류를 바쁘게 준비하고 있었습니다.

공사 입찰을 알리는 공고문이 몇 주 전 신문 광고로 나갔습니다. 업체 관계자들은 평소처럼 입찰 전일까지 공사 보증금을 예치했습니다.

입찰이 있던 날, 엄격한 심사가 시작되었고 공사 입찰이 진행되고 있었습니다. 갑자기 큰 소동이 벌어졌습니다. 그 전날까지 예치해야 할 보증금을 당일에 들고 온 일부 업자들이 응찰하게 해 달라고 항의했기 때문입니다.

사연인즉, 담당 직원의 실수로 "이 공사에 응찰할 업체는 공사 금액의 10분의 1을 입찰 전일까지 예치할 것"이라는 공고문 중 뒷부분이 "······입찰일까지 예치할 것"이라고 잘못 타이핑되어 나갔던 것입니다.

'전'(前)이라는 한 글자를 빼먹은 것입니다.

결국 책임자는 징계를 받고, 담당 직원은 한 글자 때문에 해고되었습니다. 일을 아무리 빠르게 해도 정확하지 않으면 어떻게 되는지를 보여줍니다.

신문 광고 마감 시간에 쫓겨 바쁘게 일하다가 생긴 실수를 게으름이라고 해석하는 사람은 많지 않을 것입니다.

그러나 부주의는 게으름의 산물입니다. 다시 말하면 부주의는 매사를 꼼꼼히 살피고 처리하는 노고를 아끼려 한 게으름의 결과입니다.

지혜자가 사람의 부주의함을 게으름의 선택이라고 보는 것도 바로 이런 이유 때문입니다.

*

지혜자가 예전에 보았던 한 광경을 진술합니다. 그것은 그림같이 우리 마음에 다가옵니다. 그것은 게으른 자의 밭과 지혜 없는 자의 포도원을 지나가면서 본 바였습니다.

> "내가 게으른 자의 밭과 지혜 없는 자의 포도원을 지나며 본즉 가시덤불이 그 전부에 퍼졌으며 그 지면이 거친 풀로 덮였고 돌담이 무너져 있기로 내가 보고 생각이 깊었고 내가 보고 훈계를 받았노라"(잠 24:30-32).

밭과 포도원은 가시덤불이 퍼져 있고, 땅은 거친 풀로 뒤덮여 있었습니다. 그 주위를 두르고 있던 돌담도 무너져 있었습니다. 이 밭과 포도원은 폐기된 땅이 아니었습니다.

거기에는 원래 작물이 심겨져 있었습니다. 그러나 이제는 보이지 않습니다. 가시덤불이 올라와 있고, 거친 풀이 지면을 뒤덮었습니다. 그곳을 감쌌던 돌담마저 무너져 내린 광경을 상상해 보십시오.

이스라엘 백성들에게 곡물은 양식이었고, 포도는 물 대신 마시는 포도주의 재료였습니다. 이 밭과 포도원은 꼭 필요한 땅이었습니다. 그러나 주인은 게을렀습니다. 가꾸지 않았습니다. 게으름은 그의 지혜 없음을 보여주었습니다. 게으름이 총명을 사라지게 한 것입니다. 그 총명은 어떻게 돌아올까요?

몇 해 동안 영적인 침체에 빠져 있었다고 칩시다. 삶은 마치 기름칠해 놓은 바위 언덕을 오르는 것처럼 올라가다가는 미끄러져 내리기를 반복할 것입니다.

그런데 말씀의 은혜를 받으면 벗어날 수 있습니다. 지혜를 주시기 때문입니다. 그것은 자신의 삶을 다른 각도에서 보게 해 줍니다.

성경에서 진리를 발견하면 기쁨을 느끼기도 하지만, 때로는 후회로 가슴을 칩니다. 그때는 누가 이런 진리를 진작 가르쳐 주었더라면 인생을 허비하지 않았을 텐데 하는 아쉬움이 듭니다.

실제로 미국에 집회를 갔다가, 어느 중년의 목사님으로부터 그런 이야기를 들었습니다.

"목회자가 되는 길에 대해 쓰신 책*을 읽었습니다. 20년 전에 읽었더라면, 제 목회 인생에서 10년은 절약할 수 있었을 것입니다."

---

* 김남준, 『자네, 정말 그 길을 가려나』 (서울: 생명의말씀사, 2021).

밭과 포도원이 어쩌다가 그렇게 되었을까요? 주인이 가시덤불 씨앗을 뿌렸을까요? 거친 풀들의 종자를 거기에 심었을까요? 주인이 담장을 일부러 무너뜨렸을까요? 아닙니다. 주의 깊게 돌보지 않았을 뿐입니다.

신앙도 그렇습니다. 거룩한 열정과 순수한 사랑으로 충만하기 위해서는 끊임없이 경건 생활에 힘써야 합니다. 주의 깊음이 요구됩니다. 그러나 세속적 욕망과 정욕에 휘둘리기 위해서는 특별히 노력할 게 없습니다. 경건 생활에 게으르면 저절로 그렇게 됩니다.

게으른 사람들은 대개 자기 위로에 뛰어납니다. 흔히 연약함을 핑계로 의무를 회피하려고 합니다. 그것은 연약한 게 아니라 영악한 것입니다. 자기의 게으름을 합리화하기 때문입니다.

정말로 연약한 사람은 하나님 없이는 아무것도 할 수 없다고 믿는 사람입니다. 핑계를 대는 대신 은혜의 도움을 구하는 사람입니다.

시인 라이너 마리아 릴케(Rainer Maria Rilke, 1875-1926)가 그의 시 '가을날'(*Herbsttag*)에서 노래한 심정이 그런 것이 아닐까요?

"주여, 때가 왔습니다.
지난 여름은 참으로 위대했습니다.

당신의 그림자를 해시계 위에 얹으시고

들녘엔 바람을 풀어놓아 주소서.

마지막 과일들이 무르익도록 명해 주소서.

이틀만 더 남국의 날을 베푸시어

과일들의 완성을 재촉하시고

진한 포도주에는 마지막 단맛이 스미게 하소서."*

시인은 간절히 기도합니다. "이틀만 더 남국의 햇빛을 주옵소서." 열심히 농사를 지었지만, 풍년이 자기 힘으로 되는 것이 아님을 깨달았기 때문입니다. 이런 것이 정말 연약한 마음이 아닐까요?

의무를 회피하면서 연약함이라고 핑계 대지 마십시오. 의무를 회피하는 사람이 연약함이라고 말하는 것의 실체는 '하기 싫음', '하기에 힘듦'인데, 그것이 어찌 연약함이겠습니까? 그것은 '하지 않기를 선택함', '힘들이기를 거부함'입니다. 게으름입니다.

---

* 라이너 마리아 릴케, 『소유하지 않는 사랑: 릴케의 가장 아름다운 시』, 김재혁 역 (서울: 고려대학교출판부, 2003), 78.

기도 생활을 예를 들어 봅시다. 기도하지 않는 것은 나태한 본성 때문입니다. 기도하지 않기 위해서 기도하지 않는 법을 공부할 필요는 없습니다. 막 살기 위해서 짐승같이 사는 법을 배울 필요가 없습니다. 그저 게으르게 살면 그렇게 됩니다.

연약함을 말하는 것은 자신도 어쩔 수 없었음을 강조하고 싶어서일 것입니다. 그러나 정직하게 스스로에게 물어보십시오. 어쩔 수 없어서 나태했습니까? 어쩔 수 없이 부주의하였습니까? 아닙니다. 스스로 선택한 것입니다.

게으름은 깨닫기 쉽지 않은 죄입니다. 그래서 용서받았음을 확신하기도 어려운 죄입니다. 자기 게으름에 대해 간절히 용서를 구하는 사람이 별로 없기 때문입니다. 그래서 게으름은 영혼에 큰 상처를 입힌 후에도 마음 한구석에 숨어서 또다시 공격할 기회를 노립니다.

지혜자는 황폐해진 밭과 포도원을 보고 주인의 성품을 판단했습니다. 그 주인은 두 가지로 묘사됩니다. '게으른 자'와 '지혜 없는 자'입니다. 두 표현은 병행을 이룹니다. 지혜자는 '게으른 자'와 '지혜 없는 자'를 동일한 사람으로 보았습니다.

여기서 '게으른 자'라고 하는 것은 원어적으로 옴짝달싹하기 싫어하는 '게으름뱅이'를 뜻합니다. 그리고 '지혜 없는 자'라고 번역된 부분은 히브리어 원문에는 '총명이 결핍된 자'로 되어 있습니다.* 게으르게 사는 것은 지혜가 없기 때문이고, 참으로 총명하다면 누구도 한 번밖에 없는 인생을 게으름으로 낭비하며 살 수 없다는 의미를 담고 있습니다.

**

중국 지방교회 운동의 창시자인 위트니스 리(李常受, 1905-1997)의 이야기입니다. 그는 그의 교회론과 신비주의 사상으로 이단 논쟁에 휘말리기도 했던 인물입니다. 하지만 그가 열정적인 전도자였음은 분명한 사실입니다.

> * 히브리어 원문에는 **하사르 레브**(חֲסַר־לֵב)라고 표기되어 있다. 한글 번역대로 '지혜 없는 자'가 되기 위해서는 '지혜'(wisdom)를 나타내는 히브리어 단어 **호크마**(חָכְמָה)를 써야 하는데, 이곳에서는 '마음'(heart)을 나타내는 히브리어 단어 **레브**(לֵב)를 썼다. **레브**는 '총명, 이해, 판단력'을 뜻한다. Wilhelm Gesenius, *Gesenius' Hebrew and Chaldee Lexicon to the Old Testament Scriptures*, trans. Samuel Prideaux Tregelles (Grand Rapids: Baker Book House, 1984), 427-428. 그래서 NIV 성경에서는 '지혜 없는 자'를 '판단력이 결핍된 사람'(the man who lacks judgement)으로 번역하는데, 우리말 성경의 번역은 그런 해석학적인 고려를 한 결과로 보인다.

그가 한창 활동하던 시절에는 중국에 선교의 자유가 있었기에, 전도대원들을 이끌고 대륙을 종횡무진하며 복음을 전할 수 있었습니다. 그가 지나가는 곳마다 수백, 수천 명의 결신자들이 생겨났습니다.

우상 숭배에 젖어 있던 중국인들이 어떻게 단 한 번 복음을 듣고 그렇게 많은 사람이 회심할 수 있었는지 사람들은 궁금해했습니다. 그래서 주의 깊게 위트니스 리의 전도 방식을 살폈습니다. 알고 보니, 그가 사용하는 전도 방식들은 아주 정교하게 잘 고안된 것들이었습니다. 그러나 그는 전문적으로 선교학을 익힌 사람이 아니었습니다.

어디서 그런 뛰어난 방법들을 배웠을까요? 누군가 그에게 물었습니다. 그는 이렇게 대답했습니다. "영혼들을 하나님 앞으로 인도하기 위해서 마음 다해 애를 쓰다 보니까, 하나님이 지혜를 주셨습니다."

연장의 역사를 더듬어 가 보십시오. 우리가 생각하는 것보다 훨씬 오래전에, 지금 사용하고 있는 대부분의 연장들이 있었던 것을 알 수 있습니다. 그 연장들이 발명된 것은 그것이 필요한 어떤 일에 몰두하던 사람들에 의해서였습니다.

직원을 채용할 때 제일 기피해야 할 사람은 불성실한 사람입니다. 그리고 또 다른 사람은 지혜가 부족한 사람입니다. 둘 다

해당되는 사람은 최악이고, 둘 중 하나만 해당되는 사람은 부족한 사람입니다.

좋은 도구를 다루는 기술도 없고 슬기로운 마음도 없으면서 성실하기만 한 사람이 인정받던 시대는 지나갔습니다. 명민(明敏)함을 타고난 사람도 있지만, 그것이 부족하다고 해서 실망할 필요는 없습니다. 마음을 기울여 그 일에 최선을 다하면 반드시 지혜를 주시기 때문입니다.

어떤 일을 해내고자 하는 열심이 있으면, 가장 완성도 높게 효율적으로 일할 수 있는 방법을 찾게 됩니다. 그러면 자연스럽게 자기가 일하는 방식과 도구에 대해 생각하게 됩니다. 더 나은 방식을 찾아감으로 보다 창의적으로 생각하게 되고, 더 나은 도구를 사용함으로 보다 효율적으로 일하게 됩니다.

"솜씨 좋은 목수는 연장을 탓하지 않는다."라는 말이 있습니다. 그러나 사실 대부분의 장인들은 남다른 연장을 가지고 있습니다.

예를 들어 봅시다. 최고의 미용사들이 애용한다는 일제 미쯔다니 가위 중, 쇼렘 마스터는 6인치 크기 한 자루에 현재 가격으로 약 150만 원 정도입니다. 전문적인 미용을 위해서는 4.5인치에서 8인치까지 여러 개의 가위가 필요합니다. 그래서 미용 가위 한 세트에 1,000만 원이라는 이야기가 나오는 것입니다.

공부하는 사람에게 가장 중요한 연장은 책이 아닐까 합니다. 물론 요즘은 컴퓨터나 기타 전자 장비, 검색 프로그램과 전자 정보 네트워크 같은 것들도 중요한 연장이지만 말입니다. 그래서 저는 필요한 책을 살 때만큼은 돈이 아깝다는 생각을 해 본 적이 없습니다. 아무리 값이 싸도 필요 없으면 사지 않고 가격이 비싸도 꼭 필요하면 사는 편입니다.

신자가 자기 안에 있는 죄를 죽이는 생활에 관해 공부할 때였습니다. 한 박사 학위 논문 영어 원서를 사고 싶었는데, 180페이지 정도의 얇은 책*이 무려 6만 원이 넘었습니다. 그것도 27년 전에 말입니다.

솔직히 잠시 망설였습니다. 지갑을 만지작거리다 그냥 돌아왔습니다. 그러나 며칠 후 다시 가서 그 책을 샀습니다. 그리고 나중에 한 권을 더 샀습니다. 한 권은 줄 치면서 읽었고, 다른 한 권은 잘 보관하여 두고 보고 있습니다. 영적 생활에 커다란 지혜를 주는 책이었기 때문입니다. 그 책의 도움으로 경건 생활에 주의 깊음을 더할 수 있었습니다.

---

* Randall C. Gleason, *John Calvin and John Owen on Mortification: A Comparative Study in Reformed Spirituality* (New York: Peter Lang Publishing Inc., 1995).

✱ ✱ ✱

사람들은 부주의함(uncarefulness)이 자신이 선택한 것이라 생각하지 않습니다. 어떨 때는 마치 자신도 부주의함의 피해자인 것처럼 행세합니다.** 그러나 하나님을 섬김에 있어서 부주의함은 경외심의 부족입니다.

예를 들어 보겠습니다. 식탁에서 물 한 잔 엎지른 게 큰 잘못이겠습니까? 그렇지 않을 것입니다. 식사하다가 실수로 친구의 옷에 물을 쏟았다면 한 번 사과함으로 넘어갈 것입니다.

그런데 여러분이 궁궐의 식탁에서 시중을 들다가 왕의 옷에 물을 쏟았다면 얘기가 다릅니다. 죄의 경중을 판단함에 지위의 원리가 적용되기 때문입니다.

고대의 왕들에게 신하의 부주의함은 곧 불경(不敬)이었습니다. 어쩌면 투옥되거나 목숨을 잃을 수도 있었습니다.

존경하는 사람, 깊이 존중해야 하는 사람 앞에서는 부주의할 위험성이 줄어들고, 가볍게 여기고 하찮게 생각하는 사람들에

** 물론 주의력 결핍 과잉 행동 장애(ADHD)처럼 전두엽의 기능 자체에 문제가 있는 경우는 예외다. 여기서 말하는 부주의는 최선을 다해 생각하지 않는 게으름 때문에 의지적으로 선택한 것이다.

게는 그럴 가능성이 높아집니다. 부주의함은 스스로 선택한 것입니다. 주의 깊을 정도로 부지런해지지 않았기 때문입니다. 따라서 부주의함은 게으름의 결과입니다. 정신과 육체가 활발하고 정확하게 작용하지 않았기 때문입니다. 주의 깊음이 부족한 것은 덤벙대는 게으름입니다.

부주의함과 나태함을 대수롭지 않게 여기지 마십시오. 대충 살지 마십시오. 한 번밖에 없는 인생입니다. 삶에 주의 깊음을 더하십시오. 이것이 바로 여러분을 지혜롭게 하시려는 하나님의 요구입니다.

"게으른 자의 넓은 길은 가시울타리 같지만,
올곧은 자의 좁은 길은 건설된 길이다"(잠 15:19, KNJ 私譯).

דֶּרֶךְ עָצֵל כִּמְשֻׂכַת חָדֶק וְאֹרַח יְשָׁרִים סְלֻלָה׃

제5장

게으름의 결과, 고통

어떤 사람이 갈림길에 들어섰습니다. 어느 길로 갈까 고심하다가, 보기 좋고 넓은 길을 선택하고 걸었습니다. 그러나 얼마 가지 못해서 길을 잘못 들었다는 것을 알게 되었습니다.

또 다른 사람은 좋아 보이지 않고 좁은 길을 택하고 걸었습니다. 한참을 걸어갔더니 아주 넓고 환하게 트인 길이 나왔습니다.

지혜자는 게으름의 결과에 대해 말합니다.

"게으른 자의 길은 가시울타리 같으나 정직한 자의 길은 대로니라"(잠 15:19).

히브리 시(詩)에 자주 등장하는 평행법입니다. 그런데 원칙에 맞지 않는 것 같은 표현이 등장합니다. 문체의 규칙상으로는 '게으른 자'가 나왔으면 '부지런한 자'가 나와야 합니다. 하지만 '부지런한 자' 대신에 '정직한 자'가 등장합니다. 이것은 해석이 가미된 평행법으로, 게으른 사람을 부정직한 사람으로 보는 것입니다.

눈여겨보아야 할 중요한 표현이 있습니다. '길'이라는 말이 2회 나오는데, 히브리어로는 사용된 단어가 각기 다릅니다.

'게으른 자의 길'에서의 '길'은 '정식으로 난 큰길'(way)이고, '정직한 자의 길'에서의 '길'은 '작은 통행로, 오솔길'(path) 정도의 의미를 담고 있습니다.*

---

* '게으른 자의 길'에서 '길'은 히브리어로 **데레크**(דרך)라는 단어를 번역한 것이다. 이것은 '길, 통행로'(way) 등을 의미한다. 그리고 '정직한 자의 길'에서 '길'은 **오라흐**(ארח)라는 단어를 번역한 것인데, 이는 '좁은 길, 오솔길, 샛길' 등을 의미한다(창 49:17). David J. A. Clines, ed., *The Concise Dictionary of Classical Hebrew* (Sheffield: Sheffield Phoenix Press, 2009), 32, 83.

이것은 게으른 자들이 그릇되어도 가기 쉬운 길을 택하고, 정직한 자는 가기 쉽지 않아도 옳은 길을 택한다는 사실을 보여줍니다.

한편 '대로'(大路)라고 번역된 단어는 '큰 도로'(highway)입니다.* 폭이 넓고 쭉 뻗어 있는, 건설된 큰길을 의미합니다.

결론적으로, 게으른 자가 선택하는 길은 시작은 넓지만 나중에는 가시울타리 같은 곳에 이르게 하고, 올곧은 자가 선택하는 길은 오솔길 같은 길로 시작되지만 후에는 고속도로 같은 형통한 길을 가게 한다는 뜻입니다.

* 우리말 성경에서 '대로'라고 번역된 단어는 히브리어로 **세룰라**(סְלֻלָה)이다. 이것은 '들어 올리다(lift up), 높이다, 수축하다.'라는 의미를 가진 **사랄**(סָלַל) 동사의 수동분사 여성형 명사다. '들어 올려진 것, 수축된 것' 등을 의미한다. 후반부를 직역하면 다음과 같다. '올곧은 자의 (좁은) 길은 건설된 길이다.' William Lee Holladay, Ludwig Köhler, *A Concise Hebrew and Aramaic Lexicon of the Old Testament* (Leiden: Brill, 2000), 257. 창세기에서 야곱이 본 하늘에 맞닿은 '사닥다리'가 히브리어로 **술람**(סֻלָּם)인데, 그 단어 역시 여기서 유래된 것으로 보인다(창 28:12). Harold R. (Chaim) Cohen, *Biblical Hapax Legomena in the Light of Akkadian and Ugaritic* (New York: Scholars Press, 1978), 34.

*

게으른 자는 쉬운 길을 택합니다. 왜 그럴까요? 마음을 사로잡는 꿈이 없기 때문입니다. 그것을 실현할 구체적인 계획을 세우지 않기 때문입니다.

잠을 자는 자는 꿈을 꾸지만, 일을 하는 자는 꿈을 이룹니다. 게으른 자에게는 목표를 세우는 것 자체가 힘든 노동입니다.

이런 사람에게 "하나님의 영광을 위해 이렇게 살자."라고 말하면, 온갖 변명을 늘어놓을 것입니다. 말은 많아도 속내는 하나입니다. '하나님께 영광을 돌리는 것보다 나 편한 게 더 좋다.'

이러한 태도는 자신의 배를 신(神)으로 삼는 것입니다. "그들의 마침은 멸망이요 그들의 신은 배요 그 영광은 그들의 부끄러움에 있고 땅의 일을 생각하는 자라"(빌 3:19).**

** 여기서 '배'(belly)는 헬라어로 **코일리아**(κοιλία)로 '위, 창자, 장기'를 의미한다. 히브리식 사유(思惟)에 따르면 인간의 욕망의 자리를 가리키기도 한다. 따라서 이 구절의 의미는 '저희 하나님은 저들이 하고 싶어 하는 욕망이요'이다. Walter Bauer, Frederick W. Danker, William F. Arndt, F. Wilbur Gingrich, eds., *A Greek-English Lexicon of the New Testament and Other Early Christian Literature*, 3rd ed. (Chicago: University of Chicago Press, 2000), 550–551.

제5장 게으름의 결과, 고통

게으르게 살면 안 되겠다는 마음이 생겼습니까? 이제 필요한 것은 구체적인 실천 계획을 세우는 것입니다. 삶의 모든 방면에서 더 좋은 것을 목표로 삼아야 합니다. 그것은 구체적이어야 합니다.

"매일 새벽 기도를 나가겠습니다. 힘을 주십시오."
"잠을 하루 6시간 이하로 줄이겠습니다. 건강을 주십시오."
"시간을 낭비하는 일들을 그만두겠습니다. 실천할 힘을 주옵소서."

응답을 확인할 방법이 없는 추상적인 기도는 마음에 없는 간구입니다. 자기의 삶을 고치고 싶어 하는 사람은 많습니다. 그러나 그것을 위해 분명한 목표를 세우는 사람은 많지 않습니다. 더욱이 끝까지 실천하는 사람은 소수입니다.

지나치게 많이 자는 것에 가책을 받는다면 잠을 줄이십시오. 텔레비전 앞에서 보내는 시간이 너무 많다면 그것을 치워 버리거나 시청 시간을 제한하십시오. 컴퓨터나 스마트폰을 들여다보면서 시간을 낭비하고 있다면 사용 시간을 줄이도록 노력하십시오.

경건의 실천에 있어서 게을렀다고 생각하십니까? 그러면 어떤 점에서 그러했는지를 생각하고 돌이키십시오. 각오가 산 같아도 실천은 언덕이 되고, 결단은 칼날 같아도 실행은 칼등이 되기 십상입니다. 게으름과 결별하려면 실천할 목표가 구체적이고 분명해야 합니다. 게으름과 결별할 각오와 함께 그 뜻을 실천할 은혜를 간구해야 합니다.

게으른 자는 넓은 길을 택합니다. 그 길이 쉽기 때문입니다(마 7:13). 그 길은 자기와의 씨름도, 죄와 싸우는 고뇌도 없는 길입니다. 그러나 그 끝은 고통입니다. 안일하게 살면 온갖 위험에 노출됩니다.

많이 먹고 운동하지 않으면 비만해집니다. 비만한 몸에는 각종 신체적 질병 증상이 나타나기 마련입니다. 게으르면 마음의 결이 흐트러집니다. 조율되지 않은 현악기에서 좋은 가락이 울려 퍼질 수 없는 것처럼, 게으른 마음에서는 아름다운 삶이 나오지 않습니다.

게으른 사람의 의지는 나약합니다. 어떤 선한 일을 할지라도 다 할 때까지 견디지 못합니다. 쉽게 싫증을 냅니다. 자기만을 위하려고 합니다. 그가 어찌 남을 사랑하는 일에 열심을 낼 수 있겠습니까? 게으름과 섬김, 두 단어는 처음부터 나란히 놓일 수 없습니다.

게으른 사람일수록 죄가 스며들기 쉬운 마음의 틀을 가지고 있습니다. 게으름은 반드시 삶의 결과로 나타납니다. 곧 '가시울타리'와 같은 상황에 직면하게 됩니다. 게으르게 살다가 어느 순간 스스로 돌아보니, 육체는 망가져 있고 영혼은 피폐해져 있습니다.

게으른 자가 진실할 수 없음은 진실한 자가 성실하지 않을 수 없는 것과 같습니다. 게으른 자는 참된 성도와 깊은 영적 교제를 나누지 못합니다. 게으른 사람에게는 열렬히 사는 친구가 있을 가능성이 낮습니다.

지혜자는 게으름 끝에 만나는 삶의 상황을 '가시울타리'로 묘사하였습니다. 게으름으로 씨를 뿌리면 고통의 열매를 거두게 됩니다. 오늘 쉽게 선택한 게으름은 머지않아 가시덤불로 돌아오게 됩니다.

'게으른 자'와 상반된 의미를 가진 단어로 '정직한 자'가 등장하는 것은 시사하는 바가 큽니다.* 즉, 게으름의 그늘에는 바르지 못함, 부정직이 깃들여 있다는 것입니다.

---

* '정직한 자'라고 번역된 부분은 '올곧은, 똑바른, 옳은' 등의 의미를 가진 히브리어 동사 야샤르(יָשַׁר)에서 왔다. '정직한 자'만이 아니라 '의로운 자, 올곧은 자' 등의 의미를 가지고 있다. Francis Brown, Samuel Rolles Driver, Charles Augustus Briggs, *The Brown-Driver-Briggs Hebrew and English Lexicon* (Peabody: Hendrickson Publishers, 2003), 449.

게으른 사람들은 요령을 피웁니다. 아무리 게을러도 해야만 하는 일이 있기 때문입니다. 그들은 불법적일지라도 쉬운 길을 택합니다.

  따라서 게으른 사람 중에는 올곧은 사람이 별로 없습니다. 게으르기 때문에 경쟁에서 뒤처지고 남들처럼 대우를 받지 않아도 좋다고 생각한다면 속임수나 편법을 쓰지 않을 것입니다. 게으르면서도 남들만큼 누리길 원하기에 부정직하게 됩니다.

* *

  정직한 자가 들어서는 길은 오솔길 같은 작은 길입니다. 그러나 후에는 아주 넓은 대로로 이어집니다. 큰길로 시작했으나 가시울타리로 이어지는 게으른 자의 결말과 대조적입니다.

  정직한 자는 좁은 길로 가는 사람입니다. 때로 진흙길을 만나기도 하고, 홍수에 쓸려 길이 사라진 돌짝밭을 피곤하게 걷기도 합니다. 그러나 정직한 사람은 편한 길인지보다 올바른 길인지를 생각합니다.

  게으른 사람들의 영혼은 선한 의무에 대한 싫증으로 가득 차 있습니다. 게으른 사람들에게는 일을 하게 되는 것 외에는 긴장

할 게 없습니다. 그러나 부지런한 사람의 영혼은 열정으로 충만합니다. 선한 목표를 가지고 살기 때문입니다.

성실하게 살아가는 사람의 이마에는 언제나 땀이 흐릅니다. 게으른 자는 쉬는 시간이 대부분이고 일하는 시간이 가끔이지만, 부지런한 사람은 일하는 시간이 대부분이고 쉬는 시간은 가끔이기 때문입니다.

악보에 비유하면, 게으른 사람의 인생 악보에는 쉼표와 늘임표만 가득해서 아름다운 음률이 없지만, 올바르게 살아가는 사람의 인생 악보에는 음표 또한 가득하여 감미로운 곡조가 시냇물처럼 흐릅니다. 어떤 인생이 하나님 들으시기에 더 아름다운 음악이 될까요?

게으른 자는 한가해도 노래할 이유가 없지만, 부지런한 사람은 힘들어도 노래할 이유가 있습니다. 게으른 자는 100년을 살다 죽어도 인생론을 쓸 수 없지만, 부지런한 자는 10년만 살아도 그것을 쓸 수 있습니다. 저 사람은 신념으로 산 시간이 없었지만, 이 사람은 살아온 모든 시간이 신념을 따른 삶이었기 때문입니다. 저 사람은 기껏해야 맹물로 자기 인생의 연대기를 썼지만, 이 사람은 그것을 핏방울로 썼기 때문입니다.

부지런한 사람은 정직합니다. 올곧게 뚜벅뚜벅 걸어가는 삶은 부정직하게 질주하는 삶보다 값집니다. 이 사람은 멀리 갈수록 딴 곳으로 가지만, 저 사람은 멀리는 못 갔어도 바른길로 갔기 때문입니다. 돌이켜야 할 삶을 많이 산 사람보다는, 계속 갈 수 있는 삶을 조금 산 사람이 더 많이 산 사람이 아닐까요?

정직한 자는 게으름을 미워하고, 게으른 자는 정직한 것을 싫어합니다.

세상 만물은 하나님이 지으신 것이며, 아무것도 쓸모없이 지어진 것이 없습니다. 하물며 유일하게 당신의 형상(形狀)을 닮은 피조물인 인간을 하나님이 목적 없이 창조하셨을 리가 없지 않겠습니까?

내가 있는 것과 없는 것이 세상에 아무 다를 바가 없다면 나를 지으셨을 리가 없지 않습니까? 지으신 목적이 있다면 어찌 내 인생의 의미가 없겠습니까? 의미가 있다면 마땅히 살아가야 할 길이 주어지지 않았겠습니까? 그 길이 주어졌다면 어찌 게으르게 살 수 있습니까?

정직한 길은 당장은 좁은 것 같지만, 나중에는 환하게 뚫린 대로가 될 것입니다. 당장은 정직하게 부지런히 사는 것이 어려워 보이고 잔꾀를 부리며 게으르게 사는 것이 쉬워 보입니다. 그러나 시간의 흐름은 하나님의 공의를 드러냅니다. 이 사람은 어려움을 만나고 저 사람은 형통합니다. 하나님이 정직하고 부지런한 자를 기뻐하시기 때문입니다.

하나님 사랑하는 사람이 게으를 수 없는 것은, 세상 사랑하는 사람이 거룩하게 살 수 없는 것과 같습니다. 그들에게는 하나님의 기쁨이 곧 자신의 기쁨입니다. 세속적인 신자는 번영이 최고 관심사지만, 경건한 신자는 거룩함이 그의 관심사입니다. 자신이 거룩하게 되고 세상이 정의와 사랑으로 가득해지는 것입니다.

부지런한 사람에게 정직한 삶은 자연스러운 생활 방식입니다. 그는 하나님 앞에 살아야 인생의 의미가 있다고 믿습니다. 인생의 의미가 번영보다 우선입니다. 그래서 선한 의무를 감당하는 데서 인생의 보람을 찾습니다. 그는 작은 길로 들어설 때 상상하지 못했던 큰길을 만나게 됩니다. 하나님이 그와 함께하시기 때문입니다.

정직한 자는 말씀을 사모합니다. 하나님 앞에 살고 싶기 때문입니다. 그러나 게으른 자는 말씀을 탐구하려고 하지 않습니다. 자기 마음대로 사는 것이 좋기 때문입니다.

게으른 사람도 가끔 말씀을 통해 은혜를 받습니다. 그러나 그에게 그런 경험은 잠깐의 자극으로 끝납니다. 그것은 마치 오랫동안 바싹 메마른 땅에 아주 잠깐 내리는 소낙비와 같습니다. 그렇게 오는 비로는 농사를 지을 수 없듯이 그의 삶이 바뀌는 것을 기대할 수 없습니다. 익히지 않은 부지런함보다는 익숙한 게으름이 편하기 때문입니다.

게으른 사람은 마치 잠자기 위해서 태어난 거대한 짐승과도 같습니다. 자극을 받을 때면 이따금 게슴츠레 눈을 뜨지만, 잠시 후엔 운명처럼 더 깊은 잠에 떨어져 버리는 짐승과 같습니다. 그런 사람에게 은혜의 경험은 영적 수면을 방해하는 것에 불과합니다.

수련회나 사경회를 오가며 은혜를 받으면 뭐합니까? 삶의 태도가 바뀌지 않는데 무엇이 달라지겠습니까? 자신의 잘못된 삶을 고쳐 나가지 않는데 그것이 무슨 의미가 있겠습니까?

* * *

우리말에 '-장이'라는 말과 '-뱅이'라는 말이 있습니다. '-장이'라는 말은 "일부 명사나 어근 뒤에 붙어 '그것과 관련된 수공업적 기술을 가진 사람'의 뜻을 더하여 명사를 만드는 말"입니다.* 긍정적인 의미로 쓰입니다.

* 용례로는 '유기장이, 땜장이, 양복장이, 옹기장이' 등이 있다. 고려대학교 민족문화연구원 국어사전편찬실 편, 『고려대 한국어대사전(ㅈ-ㅎ)』 (서울: 고려대학교 민족문화연구원, 2011), 5273.

이에 비해 '-뱅이'라는 말은 언제나 부정적으로 쓰입니다. "주로 좋지 않은 행동이나 성질을 나타내는 말 뒤에 붙어 '그러한 특징을 가진 사람'의 뜻과 얕잡는 뜻을 더하여 명사를 만드는 말"입니다.[**] 이것은 벗어날 수 없는 숙명을 강조하는 말입니다.

'주정뱅이'의 뜻을 아십니까? 알코올 중독과 주사(酒邪)에서 벗어날 수 없는 인간이라는 뜻입니다. 게으름에 대해 바로 이 말을 씁니다. '게으름뱅이'는 그런 천성(天性)을 가진 사람이라는 뜻입니다. 게으름을 고치기가 얼마나 어려운지를 말해 줍니다. 그러나 하나님은 고치실 수 있습니다.

게으른 사람은 늘 보기 좋은 길을 선택합니다. 그래서 넓은 길을 택합니다. 그 길이 가기 쉽기 때문입니다. 그는 신앙생활에서도 그런 길을 선택합니다. 그래서 게으른 사람은 성령 충만한 적이 별로 없습니다.

우리 예수님의 생애를 생각해 보십시오. 게으르신 적이 있습니까? 의무에 태만하거나 부주의하신 적이 있습니까? 완전하신 하나님의 아들이신데도 열렬히 사셨습니다.

[**] 용례로는 '가난뱅이, 비렁뱅이, 장돌뱅이, 주정뱅이' 등이 있다. 고려대학교 민족문화연구원 국어사전편찬실 편, 『고려대 한국어대사전(ㅂ-ㅇ)』, (서울: 고려대학교 민족문화연구원, 2011), 2581.

그리스도를 인격적으로 만났던 사람들의 생애를 생각해 보십시오. 성령 받고 변화된 사도들 중에서 게으른 사람이 있습니까? 나태하고 안일하게 산 사람을 찾을 수 있습니까? 그들은 세상을 미워했고 하나님을 사랑했습니다. 그리고 게으름과 태만을 증오했습니다.

영국의 전설적인 설교자 조지 휫필드(George Whitefield, 1714-1770)는 다음과 같이 말했습니다.

"나는 썩어서 죽느니 닳아서 죽겠다……사명을 다하기 전까지 우리는 죽지 않는다."*

바다로 흘러간 시냇물처럼, 흘러간 시간은 다시 돌아오지 않습니다. 게으름으로 하나님을 마음 아프게 하고 영광을 가리며 산 날은 지금까지로 충분합니다. 하나님 나라를 위해 사는 대신 누를 끼치며 살아온 것을 후회해야 합니다.

---

* "'I would rather wear out than rust out,' and 'We are immortal till our work is done.'" John Richard Andrews, *George Whitefield: A Light Rising in Obscurity* (London: Morgan & Chase, 1864), 426.

인생은 유한하니 살 수 있는 날은 정해져 있습니다. 더욱이 건강한 몸으로, 맑은 정신으로 살 수 있는 날은 얼마 되지 않습니다.

언젠가 이런 생각이 떠올랐습니다. 어느 날 하나님이 이렇게 물으시면 뭐라고 대답할까 하고 말입니다. "얘야! 내가 왜 이 세상에 널 계속 살아 있게 해야 하니?" 그때 나는 과연 확신을 가지고 다음처럼 대답할 수 있을까 하고 말입니다. "이러저러한 이유 때문에 저는 아직은 꼭 살아 있어야 합니다."

꼭 살아 있어야만 하는 이유가 있습니까? "아직 애들이 너무 어려서." "벌여 놓은 사업이 많아서." 이런 대답 말고 하나님이 들으시고는 이렇게 말씀하실 만한 삶의 이유가 있습니까?

"그래. 듣고 보니 네가 이 세상에 살아 있어야 할 이유가 분명하구나. 나를 위해서라도 너는 꼭 살아 있어야겠구나."

* * * *

예수님은 좁은 길로 가셨습니다. 그 길에서 그분은 최선을 다하셨습니다. 다른 사람의 절반도 안 되는 수(壽)를 누리셨지만,

제5장 게으름의 결과, 고통

아무도 살지 못한 인생을 사셨습니다. 아무도 가지 않은 길을 걸어가셨습니다.

그분의 삶은 게으름과는 거리가 멀었습니다. 일체의 성실함과 부지런함으로 사셨습니다. 병든 자를 고치고 가난한 자들을 먹이고 무지한 자를 깨우치며 사셨습니다. 사시는 대로 가르치셨고 가르치신 대로 사셔서 하나님을 보여주셨을 뿐만 아니라, 참사람의 모본이 되셨습니다.

우리는 헤아릴 수 없이 많은 은혜를 받았고 잠든 영혼이 깨어났습니다. 하나님은 복음의 진리로 우리를 살리셨습니다. 그러나 그 하나님께 기쁨이 되도록 살 시간은 너무나 짧습니다.

시간은 우리를 기다려 주지 않습니다. 우리가 시간을 붙들어 놓을 수도 없습니다. 우리에게 주어지는 시간은 당연히 있는 것이 아닙니다. 하나님의 선물입니다. 어제 죽은 사람에게는 오늘이 없고, 오늘 죽은 사람에게는 내일이 없습니다.

우리 앞에 두 길이 있습니다. 대로로 통하는 좁은 길과 가시밭길로 이어지는 넓은 길입니다. 어느 길로 가시겠습니까?

교육 전도사로 봉사하던 시절의 일입니다. 교역자 회의를 하던 중 한 교역자가 심방을 열심히 하지 않은 것이 드러났습니다. 연로하신 담임 목사님은 낮은 어조이지만 침통한 목소리로 나무라셨습니다. "그렇게 목양하면 되겠습니까?"

회의가 끝나고 모두들 자리를 떴습니다. 그 방에는 나와 담임 목사님만 있었습니다. 일어날 생각도 하지 않고 앉아 계셨습니다. 슬픈 기색으로 혼잣말을 하고 계셨습니다. 그분의 눈가에는 이슬이 맺혀 있었습니다.

"저렇게 게으르게 살다가 주님을 어떻게 만날꼬. 저렇게 태만하게 섬기다가 무슨 면목으로 우리 주님을 뵈려고 하나……."

저도 같은 말을 하고 싶습니다. 이렇게 게으르게 살다가 어떻게 주님을 뵈오려고 그러십니까? 누군들 게으른 삶이 편안하지 않겠으며, 헌신하며 사는 일이 쉽겠습니까? 우리는 짐승처럼 살다가 죽기 위해 이 세상에 태어난 것이 아닙니다. 태어날 수밖에 없는 이유를 가지고 태어났으니 그 목적을 위해 살아야 합니다.

지금이라도 늦지 않았습니다. 깨달은 지금이 가장 **빠른** 때입니다. 스스로에게 왜 사느냐고 물으십시오. 그리고 그냥 웃지 마십시오. 분명한 목표를 자신에게 말해 주십시오.

구체적인 생활의 목표를 확인하십시오. 선한 의무를 가슴에 새기십시오. 연약하다고 느낄 때 자기 인생을 살아 낼 은혜의 힘을 구하십시오. 익숙한 게으름과 작별하십시오. 결코 후회하지 않을 것입니다.

제2부

익숙한 게으름과의 작별

"게으름은 깊은 잠을 떨어뜨리니,
민첩함이 없는 사람은 굶주리게 될 것이다"(잠 19:15, KNJ 私譯).

עַצְלָה תַּפִּיל תַּרְדֵּמָה וְנֶפֶשׁ רְמִיָּה תִרְעָב:

제6장

게으름과 잠 1

신학 대학에서 교수로 섬길 때 일입니다.

학교는 안양에, 집은 인천에 있어서 매일 출근하는 것이 쉽지 않았습니다. 거리도 멀었지만, 출근 때면 엄청나게 밀리는 차들 때문에 많은 시간을 길에서 허비해야 했습니다. 그 시간이 너무 아까웠습니다.

그래서 새벽에 일찍 출근했습니다. 아침 6시쯤 학교에 도착하여, 연구실 뒤편 동산에 올라가서 새벽 기도를 드리는 것으로 일과를 시작했습니다. 두 시간 남짓 간절히 기도하고 동산에서 내려올 때쯤이면 학생들이 물밀듯이 몰려오는 등굣길의 풍경이 눈에 들어오곤 했습니다.

그러면서 저는 그들 가운데 섞여서 헉헉대며 출근할 때와는 비교할 수 없는 마음의 여유를 가지고 하루를 시작할 수 있었습니다.

그 작은 실천은 마음에서 흘러나와 삶 전체를 적시는 여유를 갖게 하였습니다.

아침마다 천국 이슬을 흠뻑 머금은 채 하루를 시작할 수 있었습니다. 정신없이 바쁜 일과를 보내야 했지만, 새벽에 받은 그 은혜가 샘물처럼 마음을 적셔 주어서 기쁨으로 섬길 수 있었습니다.

지금보다 젊고 건강했기 때문에 더 부지런히 살 수 있었습니다. 꼭 해야 할 일에 의욕을 가지면 저 깊은 곳에서 힘이 솟아났고, 은혜를 주셔서 최선을 다할 수 있었습니다.

고(故) 박윤선(朴允善, 1905-1988) 목사님은 말씀하셨습니다.

"내가 이렇게 힘써 온 이유는, '내일'이란 시간을 내 것이라고 보장할 수 없었기 때문이다. '내일'이라는 시간은 하나님의 것이다. 따라서 '오늘이 내 생애의 마지막 날'이라고 생각하고 최선을 다하여 나의 할 일을 하려고 노력해 보기도 하였다."*

*

어느 날 1학년 학생들의 수업이 끝나 갈 무렵에 잠시, 시간을 선용하는 방법에 대해 가르쳐 주었습니다. 역사적으로 영적인 인물들이 얼마나 시간 사용에 철저했는지를 실례로 들어 주었습니다.

마지막으로, 최근 복음서를 읽으며 받았던 은혜를 나누었습니다. 그것은 자신의 육체의 힘을 다 소진하시기까지 사셨던 예수님의 생애를 읽으며 받은 도전이었습니다. 다음과 같은 이야기를 들려주었습니다.

"새벽 아직도 밝기 전에 예수께서 일어나 나가 한적한 곳으로 가사 거기서 기도하시더니"(막 1:35).

---

* 박윤선, 『성경과 나의 생애』 (서울: 영음사, 2015), 34.

예수님은 바로 그 전날, 귀신 들린 사람을 고치고 심방을 하셨습니다. 해가 저물 때까지 많은 병자와 귀신 들린 자들이 몰려왔습니다. 그 사람들을 일일이 모두 고쳐 주셨습니다. 아마 새벽까지 봉사해야 하셨을 것입니다(막 1:32-34).

그러고는 이튿날 새벽, 아직 날 밝기 전에 일어나셨습니다. 홀로 한적한 곳에서 마음을 쏟으며 기도하셨습니다.

강의하는 동안, 학생들은 숙연해졌습니다. 수업을 마칠 때, 한 여학생이 대표 기도를 하였습니다. 울먹이며 다음과 같이 기도했습니다. "하나님, 너무 많이 자서 죄송해요."

게으름이 스며들기에 가장 좋은 곳이 잠입니다. 잠을 많이 잤기 때문에 가책을 느끼는 사람은 많지 않습니다. 그러나 방탕한 수면은 태만한 영적 생활의 주범입니다.

아마도 묻고 싶을 것입니다. "그러면 몇 시간을 자야 합니까? 어디까지가 건강한 수면이고, 얼마큼 자면 방탕입니까?"

물론 획일적으로 답할 수 없을 것입니다. 체질적으로 약해서 잠을 더 자지 않으면 안 되는 사람이 있고, 남보다 적게 자고도 활기차게 하루를 살 수 있는 사람이 있기 때문입니다. 또 일시적으로 건강이 너무 쇠하여 충분히 숙면을 취해야 하는 사람도 있을 수 있습니다. 특히 신경 계통에 이상이 있는 사람은 약을 먹고서라도 충분한 수면을 취하지 않으면 안 됩니다.

잠의 문제는 다시 두 가지 경우로 나눠서 고려해야 합니다. 단지 피로가 누적되어 잠이 오는 경우와 기력이 완전히 소진되어 잠이 오는 경우입니다.

전자의 경우라면 잠을 자면 피로가 회복됩니다. 그러나 후자의 경우는 잠을 자면 잘수록 몸이 까부라져서 더욱 기력이 없어집니다.

이 경우에는 잠자는 것만으로는 문제가 해결되지 않습니다. 정밀하게 진단을 받고 원인을 알아내야 합니다. 반드시 의학적인 도움을 받아야 합니다. 영양분이 있는 음식을 적정량 섭취하고, 알맞은 운동을 해야 합니다. 기초 체력을 기르고, 식이 요법으로 체질을 개선해야 합니다.

수면의 문제에 있어서도 지혜를 구해야 합니다. 잠이 온다고 무조건 자는 것이 최선은 아닙니다. 수면의 욕구가 단지 피곤해서 생기는 현상인지, 치료가 필요한 질병에서 비롯되는 것인지를 잘 판단해야 합니다.

어떤 경우든지 수면의 문제에, 유의해야 할 점이 있습니다. 잠을 많이 자는 것이 습관이 될 수 있다는 것입니다.

그리스도인의 삶의 원칙은 모든 것을 과하게 하지 않는 것입니다. 잠을 자는 것, 밥을 먹는 것, 여가를 즐기는 것, 휴식을 취하는 것, 이 모든 일에 절제와 규모가 있어야 합니다(고전 9:25).

그것들은 더욱 건강한 몸과 마음으로 하나님을 섬기기 위한 것이기 때문입니다.

"게으름이 사람으로 깊이 잠들게 하나니 태만한 사람은 주릴 것이니라"(잠 19:15).

지혜자는 사람 위에 깊은 잠을 떨어뜨리는 것이 게으름이라고 말합니다. 히브리어 성경에서 직역하면 다음과 같습니다.

"게으름은 깊은 잠을 떨어뜨리니, 민첩함이 없는 사람은 굶주리게 될 것이다."*

게으름이 주는 잠이 그렇습니다. 히브리어 성경은 게으름이 잠을 주는 방식을 '떨어뜨리는 것'이라고 말합니다.

---

* 여기서 '깊은 잠'으로 번역된 단어는 히브리어로 **타르데마**(תַּרְדֵּמָה)라는 단어인데, 여호와 하나님이 하와를 만드시기 위해 아담을 깊이 잠들게 하셨다고 할 때 사용되었다(창 2:21). 갈비뼈를 뽑아도 모를 정도였으니 전신 마취를 방불케 하는 깊은 잠이었을 것이다. William Lee Holladay, Ludwig Köhler, *A Concise Hebrew and Aramaic Lexicon of the Old Testament* (Leiden: Brill, 2000), 395.

일단, 게으름 때문에 잠자는 것에 익숙해지면 그 잠은 계속하여 늘어납니다. 자도 자도 졸립습니다. 시간과 장소를 불문하고 잠이 옵니다.

잠의 문제는 육적인 측면과 영적인 측면을 함께 가지고 있습니다. 잠자는 것을 단지 육체적인 문제로만 생각하지 마십시오. 영적 생활과 밀접한 관련이 있습니다. 은혜 충만한 사람은 수면 생활에 방탕할 수 없습니다.

게으름은 깊은 잠으로 데려갑니다. 그런 잠은 영적 생활을 고사시킵니다.

게으름의 문제를 해결하지 않고서는, 방탕한 수면 생활을 해결할 수 없습니다. 수면 시간을 강제로 조절할 수도 있습니다. 그러나 아무리 새벽에 일찍 일어나고 밤늦게 잠자리에 든다고 할지라도 선한 목표가 분명하지 않다면 덜 자는 게 무슨 의미가 있겠습니까?

목표에 대한 열정을 가진 사람은 그것과 관계없는 일에 시간을 낭비하는 것을 싫어합니다. 잠도 마찬가지입니다. 인생에 있어서 불타는 목표를 가진 사람들에게 필요 이상의 잠은 외도에 가깝습니다.

나태한 마음이 들 때마다 스스로에게 말합니다. "나는 고3이다." 고3은 절제하며 살아야 하는 시기입니다. 고3은 여행을 가고 싶어도 "대학 들어가서 하자." 하면서 참아야 합니다. 연애를 하고 싶어도 절제해야 합니다. 고3이 대학 입학을 위해 잠시 스스로 절제하듯이, 우리도 그래야 합니다.

선한 일을 할 때 마음을 쏟기 위해서는 휴식을 핑계로 방탕에 흐르지 않도록 주의해야 합니다.

그리스도인이 세탁소를 한다면 다른 집보다 깨끗하게 세탁해야 하고, 슈퍼마켓을 한다면 어느 집보다 싱싱한 물건을 제값에 팔아야 합니다. 부동산업을 한다면 어느 중개소보다 친절하고 정확하며 양심적이라는 평가를 받아야 합니다. 공장을 운영한다면 그 공장 물건은 틀림없다는 소리를 들어야 합니다.

이것이 그리스도인의 노동 윤리입니다. 그러기 위해서는 게으르지 말아야 합니다.

＊＊

기독교 역사의 한 페이지를 훌륭하게 장식했던 인물 중에 존 웨슬리(John Wesley, 1703-1791)가 있습니다. 그는 죽기 5일 전까지도 32km 떨어진 곳으로 전도하러 다녔고, 60년 동안 변함없이 새벽 4시에 일어나 기도하고 성경 말씀을 묵상했습니다.

한 번에 2-4시간 가량 선포되는 설교를 평생 동안 42,000여 편이나 전했고, 200권이 넘는 책을 저술했습니다. 그가 전도하기 위해 말을 타고 다닌 거리는 지구를 열 바퀴 돌고도 남을 거리였습니다.*

그가 그렇게 많은 일들을 하면서 살 수 있었던 것은 탁월한 건강 때문이기도 했지만, 주어진 시간을 효율적으로 잘 사용하였기 때문이었습니다. 그는 자신의 일기 서문에 다음과 같은 규칙들을 적어 놓았습니다.

시간을 관리하는 일반적 규칙

1. 하나님과 함께 하루를 시작하고 마칠 것이며, 무절제하게 잠을 자지 말자.
2. 하나님의 부르심에 성실히 임하자.
3. 가능한 한 모든 여가 시간을 신앙을 위해 사용하자.
4. 모든 휴일을 거룩한 날로 만들자.
5. 술 취한 자와 참견하기를 좋아하는 자들을 가까이하지 말자.

---

* 바실 밀러, 『요한 웨슬리의 생애』, 한영태 역 (서울: 생명의말씀사, 1997), 140-141.

6. 쓸데없는 호기심, 무용한 일과 지식을 피하자.

7. 매일 밤 나 자신을 점검하자.

8. 하루에 적어도 한 시간은 경건의 시간을 갖자.

9. 모든 종류의 정욕을 피하자.[**]

그의 전기 중 특히 눈길을 끌었던 것은 교제의 원칙이었습니다. 그는 누군가를 처음 만나면 그 사람을 다시 만날 것인가, 다시는 만나지 말 것인가를 한 시간 안에 결정했다는 것입니다. 그렇게 함으로써 자신의 인생에서 쓸모없는 인간관계로 소비되는 시간을 절약할 수 있었다는 것입니다.

지금의 기준으로는 동의할 수 없는 부분도 있습니다. 그러나 존 웨슬리가 살았던 시대가 지나치게 연회를 즐기는 사교의 시대였음을 감안할 때, 이것은 술과 사교로 인생을 낭비하는 일을 줄이는 최선의 방법이었을 것입니다.

[**] Robert G. Tuttle, Jr., *John Wesley: His Life and Theology* (Grand Rapids: Zondervan, 1978), 95–96.

***

게으르게 사는 동안에도 시간은 부지런히 흘러갑니다. 하나님의 큰 계획 속에서 우리는 구원받았습니다. 그런데 어찌 게으름으로 삶을 망칠 수 있겠습니까?

우리는 탁월한 건강을 소유했던 존 웨슬리 같은 삶을 살 수 없을지 모릅니다. 그러나 최소한, 수면 생활의 방탕함에 빠지지는 말아야 합니다.

방탕함으로 낭비되는 수면 시간 중 단 30분만이라도 아낀다면 보다 뜻있는 일에 쓸 수 있을 것입니다. 지나친 수면 생활의 유혹을 이기는 지름길이 있습니다. 십자가를 생각하며 다음 사실을 상기하는 것입니다.

"예수님도 연약한 몸을 입고 사셨다. 힘든 섬김에 일어나기 힘든 새벽 시간에 몸을 일으키시고, 주무시고 싶은 시간에 눈을 비비면서 기도하셨다. 고단하셨지만 한 영혼이라도 더 구원하고자 늦도록 일하셨고, 그렇게 우리 위해 남김없이 자기를 바치며 사시다가 십자가에 못박혀 죽으셨다. 우리 위해 물과 피를 다 흘리고 돌아가셨다."

선한 의무는 우리가 할 수 없는 일이 아닙니다. 하나님은 주시지 않은 것을 요구하시지 않습니다. 우리에게 이미 주신 것들로 섬기길 원하십니다. 주신 지식과 건강, 물질과 시간, 열정과 사랑으로 섬기기를 기대하십니다.

게으름과 거룩함은 양립할 수 없습니다. 게으름은 정욕을 따라 살게 하고, 거룩함은 말씀을 따라 살게 합니다. 게으름은 마음속에 있는 은혜의 틀을 허물어 버립니다. 삶의 방향을 잃게 합니다. 게으른 육체에 근면한 정신이 깃들 수 없습니다.

장마철의 햇볕같이 짧은 인생인데, 보람 있게 살아야 하지 않겠습니까?

* * * *

민첩함은 분명한 목표 의식에서 우러나는 태도입니다. 목표가 없는데 민첩할 리가 없습니다. 게으른 사람에게는 뚜렷한 목표가 없습니다. 그래서 민첩하지 않습니다. 그 결국은 궁핍하게 되는 것입니다. 그래서 지혜자는 말합니다.

"……태만한 사람은 주릴 것이니라"(잠 19:15).

여기서 '태만한'이란 '민첩함이 결핍된'이라는 뜻입니다.*

생각은 태만하고 육체는 게으르니 그가 무엇으로 밥벌이를 하겠습니까? 특히 오늘날과 같이 치열한 경쟁 사회에서는 경쟁력을 갖추지 못할 것입니다. 육신적으로만 굶주릴 뿐 아니라 영적으로도 궁핍하게 될 것입니다.

당신의 영혼은 어떤 상태입니까? 핍절한 영혼으로 굶주리고 있습니까? 도대체 누가 그렇게 만들었습니까? 영혼이 풍요롭게 되는 길이 무엇입니까? 다시 충만한 사랑 속에서 살고 싶지 않으십니까?

선한 목표를 향해 민첩하게 움직이십시오. 망가진 곳이 있으면 말씀으로 고치십시오. 힘이 부족하면 은혜를 간절히 구하십시오. 잘못된 곳이 있으면 도려내고 시작하십시오.

게으름 속에 허무하게 사는 것보다는 그것이 더 낫지 않겠습니까?

---

* '태만한'이라고 번역된 히브리어 레미야(רְמִיָּה)는 '(두 손을 놓고 있는) 느슨함, 해이함, 나태함, 게으름' 등의 의미를 지닌다. 그리고 '사람'이라고 번역된 히브리어 네페쉬(נֶפֶשׁ)는 구약에서 원래 '영혼'이라는 뜻을 가진 단어다. Wilhelm Gesenius, *Gesenius' Hebrew and Chaldee Lexicon to the Old Testament Scriptures*, trans. Samuel Prideaux Tregelles (Grand Rapids: Baker Book House, 1984), 770.

구원받은 신자에게는 하나님의 계획이 있습니다. 진실한 신자가 되는 것입니다. 참된 인간이 되는 것입니다. 이는 성령의 은혜를 힘입어 부패한 옛 본성을 이김으로써 가능하게 됩니다.

게으른 사람이 가진 희망은 작은 바람에 곧 꺼질 촛불과 같습니다. 옳은 길을 가고자 하는 열망이 부족하기 때문입니다.

하나님은 우리가 할 수 없는 것을 하라고 하시지 않습니다. 이미 주신 자원들을 활용하라고 하십니다. 선한 일에 힘쓰며 구원의 목적에 합당하도록 살라는 것입니다. 그렇게 살려는 자에게 힘을 주십니다.

하나님을 섬기는 일에 자신이 무력하다는 사실을 깊이 느낀 아우구스티누스(Aurelius Augustinus, 354-430)는 평생 다음과 같은 기도를 드렸습니다. 그것은 선한 일을 할 수 있는 은혜를 구하는 기도였습니다.

"명하시는 바를 주소서. 원하시는 바를 명하소서."[**]

[**] *"Da quod iubes et iube quod uis,"* Aurelius Augustinus, *Confessiones*(10.29.40), in *Corpus Christianorum Series Latina*, vol. 27 (Turnholti: Brepols, 1996), 176.

이 말의 의미를 아십니까? 하나님이 선한 일을 하라고 명령하시는데 자기 안에는 그 뜻에 순종할 능력이 없다는 것입니다. 그러니 무엇을 명하신다면 먼저 그것을 실행할 힘을 달라는 뜻입니다. 그것은 은혜입니다.

행할 수 있는 힘을 먼저 주신 다음에 원하시는 것을 명령하신다면 기꺼이 순종하겠다는 뜻입니다. 즉 은혜를 받아 행할 수 있는 힘이 생기면 명령하시는 바대로 따르겠다는 의미입니다.

몸이 약하면 약한 대로 부지런히 사십시오. 가진 게 없다면 있는 것만큼만 섬기십시오. 하나님이 우리의 형편을 다 아십니다.

병으로 시한부 판정을 받은 사람이 있다고 합시다. 그 병을 고쳐 다시 살아날 수 있는 약이 있다는 이야기를 들으면 그가 벌떡 일어나지 않겠습니까? 그 약을 구하러 달려가지 않겠습니까?

핑계하지 말고, 최선을 다하십시오.

그렇게 할 수 있는 힘을 달라고 매달리십시오.

그러한 민첩함을 달라고 기도하십시오.

"너는 궁핍하게 되지 않도록, 잠자기를 사랑하지 말라.
너의 두 눈을 뜨고 있으라.
그리하면 양식으로 배부를 것이다"(잠 20:13, KNJ 私譯).

אַל־תֶּאֱהַב שֵׁנָה פֶּן־תִּוָּרֵשׁ פְּקַח עֵינֶיךָ שְׂבַע־לָחֶם׃

제7장

게으름과 잠 2

잠은 쉽고 달콤하고 평화롭습니다. 잠자는 시간이야말로 가장 편안히 쉬는 시간입니다. 그런데 지혜자는 말합니다.

"……잠자기를 좋아하지 말라 네가 빈궁하게 될까 두려우니라……"
(잠 20:13).

잠자기를 사랑하는 것은 인간의 일반적 성품입니다. 병적 현상으로 잠을 못 자는 경우는 있을지라도, 대부분의 사람은 본성적으로 잠자기를 좋아합니다.

그것은 자연스럽습니다. 잠자는 것을 싫어하는 사람은 거의 없고, 잠을 적게 자는 것이 즐거운 사람도 거의 없습니다. 그래서 수면 생활에 절제가 없는 사람들 중 간혹 창의적인 사람이 있을 수는 있지만 그가 근면한 사람일 가능성은 희박합니다.

영적 생활에도 이러한 이치는 그대로 적용됩니다.

여기서 지혜자가 말하는 잠자기는 필수적인 분량의 수면이 아닙니다. 그것은 방탕한 수면을 가리킵니다. 방탕이란 마음이 통제력을 잃고 갈피를 잡지 못하는 상태입니다. 그것이 죄인 것은 두 가지로 설명됩니다.

첫째로, 인생을 낭비하는 것이기 때문입니다. 누구나 정해진 인생의 길이를 살다가 죽습니다. 많이 자기 위해서는 일하는 시간을 줄여야 합니다.

둘째로, 마음을 병들게 하기 때문입니다. 그것은 게으름을 촉진합니다. 게으른 육체는 거머리의 두 딸과 같습니다. 아무리 원하는 대로 해줘도 만족이 없습니다.

"거머리에게는 두 딸이 있어 다오 다오 하느니라……"(잠 30:15).

다시 일하기 위해 적절한 쉼은 꼭 필요합니다. 휴식은 육체에 새 힘을 줍니다. 그러나 부적절한 쉼은 육체를 더욱 게으르게 합니다. 여기서 적절한 쉼은 두 가지입니다.

첫째로, 육체의 쉼입니다. 노동으로부터의 쉼이니, 이는 육체의 원리를 따르는 것입니다.* 쉼을 통해 육체와 정신의 원기를 회복하는 것입니다.

둘째로, 영혼의 쉼입니다. 영혼은 하나님 품 안에서 교제를 누리는 것으로 쉼을 얻습니다. 감각으로 산란한 정신을 잠시 온갖 물상(物象)들로부터 떼어 놓고 하나님을 묵상하는 것이 그 쉼입니다.

잠은 육체가 쉼을 얻는 가장 중요한 방법입니다. 알맞은 시간에 충분한 숙면을 취할 때 육체는 원기를 회복하고 정신도 맑아집니다. 어떤 일에 기분 좋게 집중할 수 있게 됩니다. 그러나 잠

---

* 하나님이 6일 동안 천지를 창조하시고 제7일에 쉬셨다(출 20:11). 우리에게 안식을 명하셨다. 그날은 아무 일도 하지 말라고 엄히 명하셨다(출 31:15). 하나님이 쉬시다니 이상하지 않은가? 무한한 능력과 지혜를 가지신 분에게 무슨 고단함이 있기에 휴식을 취하신단 말인가? 그것은 우리를 교훈하시기 위함이다. 당신을 본받아 쉬는 날을 가지라는 것이다. 그래서 하나님과 세계와 인간, 그리고 자신의 존재의 근거와 목적을 생각하라는 것이다. 쉼을 통해 삶의 방향을 제대로 설정하라는 것이다.

은 칼과 같습니다. 잘 사용하면 잘 사는 데 도움이 되지만 잘못 사용하면 방탕하게 만들기 때문입니다.

*

지혜자는 잠자기를 좋아하지 말라고 경고합니다. 이것은 꼭 필요한 쉼이 아니라 게으름에서 비롯된 잠을 가리킵니다. 그것은 마음을 어둡고 둔하게 만듭니다. 그런데 성경은 잠을 다르게 이야기하기도 합니다. 바로 사랑의 표시라는 것입니다.

> "······여호와께서 그의 사랑하시는 자에게는 잠을 주시는도다"(시 127:2).

여기서 잠은 하나님의 은총입니다. 불면증에 시달려 본 사람은 이 말의 뜻을 잘 압니다. 이런 잠은 합당한 수면입니다. 하나님의 선물로서, 정신과 육체에 안식을 주는 잠입니다.

그런데 이 구절은 신령한 성도들보다는 게으른 사람들에 의해 자주 인용됩니다. 자신들의 방탕한 수면 생활을 합리화하기 위해서 말입니다.

어느 월요일, 목사님이 동네 골목을 지나다가 교인을 만났습니다. "목사님, 안녕하세요." 두 사람은 서로 반갑게 인사를 나누었습니다. 목사님이 말했습니다. "집사님, 어디 편치 않으세요? 안색이 피곤해 보이네요."

교인은 대답했습니다. "어제 목사님 설교를 듣고 밤에 한숨도 못 잤습니다." 목사님의 마음이 설렜습니다. 자기 설교를 듣고 얼마나 은혜를 많이 받았으면 잠을 못 이루었을까 하고 생각한 것입니다.

기대하는 마음으로 물었습니다. "왜 제 설교를 듣고 밤에 한숨도 못 주무셨어요?" 교인은 대답했습니다. "설교 시간에 너무 푹 재워 주셔서 새벽까지 잠이 안 왔어요."

누군가 웃자고 지어낸 유머겠지요. 그러나 실제로 예배 시간에 습관적으로 자는 사람들이 있습니다.

성경의 더 많은 구절에서 죄의 잠이 언급됩니다. 그 대표적인 예가 요나입니다. 니느웨로 가라는 명령을 어기고 다시스로 가는 배를 탔습니다. 자기 때문에 심한 풍랑이 일어났는데, 정작 요나는 배 밑창에 드러누워서 잠을 잤습니다.

"······그러나 요나는 배 밑층에 내려가서 누워 깊이 잠이 든지라"
(욘 1:5).

제7장 게으름과 잠 2

이사야서에 나오는 잠든 선지자는 이스라엘을 말씀으로 깨우지 못하는 죄를 지었습니다. 이스라엘이 깨어나지 않은 것은 선지자 자신이 영적으로 잠들어 있었기 때문입니다(사 56:10).

**

밤에 늦게 잔 것도 아니고 몸이 아픈 것도 아닙니다. 그냥 일어나기 싫어서 이불 속에서 나오지 않았습니다. 깬 듯 잠든 듯 계속 누워 있었습니다. 자다가 허리가 아프고 소변도 마려워 할 수 없이 일어났습니다.

그날 아침 상쾌한 기분입니까? 활기차게 하루를 시작할 수 있습니까? 이미 중천에 뜬 태양이 이렇게 묻는 것 같지 않습니까? "너 그렇게 살아도 되겠니?"

그 아침에 열렬한 기도가 나올까요? 잠자는 일을 당연한 일로 생각하지 마십시오. 적절한 수준을 넘어서는 잠은 바로 건강한 생활을 좀먹습니다. 우리 인생의 날들은 하나님 섬기라고 주신 날들이지, 욕망을 채우라고 주신 날들이 아닙니다.

하루에 한 시간씩만 필요 이상으로 수면을 취한다면, 1년이면 365시간이고 10년이면 3,650시간입니다. 그 시간이면 4년제대학을 두 번 졸업하여 두 개의 전공을 마치고도 약 200시간이 남습니다. 부지런하면 그 시간에 두 개의 부전공도 마칠 수 있을 것입니다.

인생은 우리의 것이 아닙니다. 우리에게는 시간을 그렇게 허비할 권리가 없습니다. 한때 네로(Nero, 37-68) 황제의 스승이었던 세네카(Lucius Annaeus Seneca, BC 4-AD 65)는 『인생의 짧음에 관하여』(*De Brevitate Vitae*)에서 말합니다.

> "실은 이러하다. 우리가 받은 인생이 짧은 것이 아니라 우리가 그렇게 만드는 것이다. 인생의 시간이 모자라는 것이 아니라 우리가 낭비하는 것이다."*

과도한 잠이 해롭다는 것을 알아도, 그 습관을 고치는 것은 쉽지 않습니다. 좋은 방법은 하나님께 은혜를 구하는 것입니다. 은

---

* "*Ita est: non accipimus brevem vitam, sed facimus, nec inopes eius sed prodigi sumus.*" Seneca, *De Brevitate Vitae*(1. 4), in *Loeb Classical Library*, vol. 254, trans. John W. Basore (Cambridge: Harvard University Press, 2006), 288-289; 김남준, 『다시, 게으름』 (서울: 생명의말씀사, 2021), 69.

혜는 사랑의 감화입니다. 사랑의 감화는 마땅히 해야 할 선한 일을 할 수 있도록 힘을 줍니다.

아이들이 집착하는 장난감을 빼앗는 가장 좋은 방법이 있습니다. 그것보다 더 좋아하는 것으로 아이들의 시선을 빼앗는 것입니다. 방탕하게 자는 것보다 더 즐겁고 보람 있는 것을 발견하십시오.

은혜를 받으면 선한 일에 대한 열심이 생깁니다. 그러면 방탕한 수면보다 선한 일을 하는 데서 보람을 느끼게 됩니다. 하루를 열심히 살아 내고 잠자리에 드는 만족감은 게으른 자가 결코 느낄 수 없는 행복입니다.

잠을 자면 꿈을 꾸지만, 부지런히 살면 그 꿈을 이룹니다. 하나님 사랑으로 마음이 불타오르는 사람에게는 필요한 이상으로 잠잘 시간이 없습니다. 이루어야 할 선한 목표를 가지고 있기 때문입니다.

게으른 사람이 신령한 삶을 살 수는 없습니다. 무절제한 수면으로 시간을 낭비하면 무엇인가 못 하는 일이 있게 마련입니다. 그런데 그런 사람이 수면을 위해 가장 쉽게 포기하는 시간이 기도하고 말씀을 묵상하는 시간입니다. 가치 없는 일은 급한 것처럼 느껴질 때가 많고, 중요한 일은 급하지 않은 것처럼 여겨집니다. 게으른 사람에게 흔히 있는 일입니다.

은혜를 많이 받았다고 하는데 무절제한 수면 생활이 고쳐지지 않는다면, 건강에 문제 있든지 은혜가 부족한 것입니다.

***

사랑은 삶의 질서를 재편하게 만듭니다. 그렇지 않다면 사랑하는 게 아닙니다. 사랑은 좋아하는 것들의 질서입니다. 사랑은 인생의 의미를 부여하고 삶의 목표를 수정하게 합니다.

하나님 의지하며 새롭게 시작하십시오. 당신과 원수되었던 우리의 옛 본성도 고치셨으니 무절제한 수면 생활도 능히 고쳐 주시지 않겠습니까?

밤늦게까지 잠자지 않는 습관이 있습니까? 저녁에 한두 시간 부지런히 걷거나 고단할 정도로 운동을 하십시오. 그러면 잠들고 깨는 시간을 조절할 수 있을 것입니다.

늦은 저녁 식사나 야식을 피하십시오. 잠들기 직전까지 스마트폰을 보지 마십시오. 수면에 방해가 됩니다.

게으른 사람이 잠을 자는 동안, 충성스러운 사람은 주님을 섬깁니다. 게으른 교인이 이불 속에 있을 때, 충성스러운 성도는 사명을 감당합니다.

이 두 사람을 하나님이 어떻게 보실까요? 하나님의 역사(歷史) 속에서 게으른 사람은 항상 엑스트라였고, 충성스러운 사람은 주연이었습니다.

방탕한 수면 생활은 죽여야 할 죄입니다. 무절제한 잠은 하나님이 선한 일을 위하여 우리를 지으신 목적에 반하는 일이기 때문입니다.

잠을 좋아하는 사람의 마음에는 부패한 틀이 생깁니다. 육체만을 사랑하는 것이 게으름입니다. 게으름은 죄가 거하기 좋은 조건입니다. 게으름은 죄에 대한 감시를 느슨하게 하고, 죄가 침투하기에 적합한 정서가 되게 하며, 선한 일을 할 수 있는 의지의 힘을 잃어버리게 합니다.

모두 경험한 바와 같이, 잠은 방탕하게 내버려 두면 계속 시간이 늘어납니다. 하루 12시간 이상씩 잘 수도 있습니다. 어떤 사람은 자기는 8시간 이상 자지 않으면 안 된다고 말합니다. 그것이 체질이라고 합니다.

그럴 수도 있습니다. 그러나 체질을 바꾸는 것도 방법이 아닐까요? 음식 섭취와 생활 방식의 변화, 운동 및 수면 습관의 개선으로 체질은 얼마든지 바뀔 수 있습니다.

설령 바울처럼 섭리 가운데 안 고쳐 주신다고 할지라도 그것이 은혜가 되지 않을까요?(고후 12:7).

경건의 실천은 모든 활동의 가장자리에 놓여 있기 십상입니다. 직장 생활하면서 오후 2시부터 3시까지를 기도 시간으로 정하기 쉽지 않습니다. 경건 생활은 저녁 이후이든지 이른 아침에 갖게 됩니다. 그런데 이 시간들은 무절제한 수면 생활에 의해 침해받기 쉬운 시간들입니다.

취업을 했습니다. 너무나 꿈꾸고 간절히 바라던 아주 좋은 직장입니다. 그런데 아침 6시까지 출근해야 합니다. 그러면 그가 도저히 그 시간에 일어나지 못해 사표를 제출하게 될까요? 아마 그러지 않을 것입니다. 직장 옆으로 이사를 해서라도 출근 시간을 지키려 할 것입니다.

하나님의 뜻이 방탕한 수면 생활에 빠지지 않는 것입니다. 하나님 뜻에 맞춰 보는 것은 어떨까요?

* * * *

잠의 횡포는 게으른 사람에게 더욱 위력을 발휘합니다. 우리는 그런 습관을 규제할 수 있습니다. 정신적으로 방탕한 수면의 욕구를 이길 수 있습니다. 우리가 하고자 할 때 성령께서 도와주시기 때문입니다.

무절제한 수면은 맑은 영성과 나란히 갈 수 없습니다. 방탕한 수면 생활은 시간을 낭비하는 데 그치지 않습니다. 영적으로 점점 더 나태하게 합니다.

잠을 절제하며 사는 사람들도 그것이 좋거나 쉬워서가 아닙니다. 그들도 자고 싶고 쉬고 싶습니다. 그러나 선한 일에 대한 열정으로 그것을 이기는 것입니다.

지금도 많은 사람이 예수님의 뒤를 따르며 살아갑니다. 새벽에 기도하러 나가셨고 깊은 밤에 하나님을 만나러 산으로 오르셨던 그 길을 따라가려고 애쓰며 삽니다.

인생의 시간은 금방 지나갑니다. 곧 영원한 안식이 있는 주님의 나라로 가게 될 것입니다. 그때는 잠과의 싸움도 필요 없습니다. 알람 시계 맞추며 긴장해야 할 필요도 없습니다. 거기에서는 이 땅에서의 잠과 비교될 수 없는 참되고 영원한 안식이 기다리고 있습니다. 하지만 아직은 아닙니다.

지금은 깨어 있어야 할 때이고, 허리띠를 동이고 살아야 할 때입니다. 때가 아직 낮이기 때문입니다(요 9:4).

"게으른 자는 자기의 한 손을 그릇 속에 넣고서도
그의 입으로 그것을 들어 올리기조차 하지 않는다"(잠 19:24, KNJ 私譯).

טָמַן עָצֵל יָדוֹ בַּצַּלָּחַת גַּם־אֶל־פִּיהוּ לֹא יְשִׁיבֶנָּה׃

제8장

게으름과 열정

　게으름의 숨겨진 정체 또 하나가 언급됩니다. 마땅히 행해야 할 일에 대해서 미약하게 반응하는 것입니다. 게으름은 어떤 일을 끝까지 수행할 힘을 내지 않는 것입니다.

"게으른 자는 자기의 손을 그릇에 넣고서도 입으로 올리기를 괴로워하느니라"(잠 19:24).

　이 게으른 자는 아무것도 안 한 채 가만히 있지는 않았습니다. 음식을 섭취해야겠다는 필요를 느꼈고, 그래서 음식 그릇을 찾아 앞에 두었습니다. 그리고 거기에 손을 넣었습니다. 아마 음식물을 집었을 것입니다.
　하지만 의욕은 거기까지였습니다. 손을 들어 올려 입까지 가져갈 의지는 없었습니다.

선한 일을 완수할 때 힘을 내지 않는 것이 게으름입니다. 이것을 두 방향으로 다루고자 합니다. 첫째로, 일반적인 삶의 지혜와 관련해서, 둘째로, 영적 삶의 지혜와 관련해서입니다.

※

첫째로, 일반적인 삶의 지혜와 관련해서 생각해 봅시다. 어떤 일을 끝까지 하지 않으려는 심리는 무엇 때문일까요?

선한 목표를 정했습니다. 그러나 게으른 자는 끝까지 하지 않고 도중에 그만둡니다. 목표는 정했는데, 거기까지 도달하지 못합니다. 마음의 활기와 일에 대한 열의가 없기 때문입니다. 왜 그럴까요? 무슨 뜻이 있어서가 아닙니다. 그냥 힘이 들어서입니다.

선한 목표는 언제나 열정과 인내를 요구합니다. 선한 일이 항상 행하기에 기쁘고 즐겁다면 얼마나 좋겠습니까?

선을 행하다가도 낙심하는 때가 있습니다(갈 6:9). 그만두고자 결심한 것은 아니지만, 육체와 정신의 힘이 모자랄 때가 있습니다. 그때는 의무의 가치에 비해 수고의 희생이 크게 느껴집니다. 견디지 못하고 결국 그만두게 됩니다.

마라톤 선수들이 42.195km를 달립니다. 어느 마라토너의 고백에 의하면 제정신으로 달리는 구간은 3분의 2까지에 불과하다고 합니다. 그 다음에는 혼미한 상태에서 정신력 하나로 달린다고 합니다.

마라톤을 완주하는 비법에 대해 들었습니다. 달릴 때, 도착지를 42.195km 떨어져 있다고 생각하고 시작하면 중간에서 낙오한다고 합니다. 목표 지점을 실제보다 훨씬 멀리 있다고 생각하고 달려야 한다고 합니다.

무슨 일을 하고자 할 때, 거기에 소요되는 희생을 먼저 생각하고 착수해야 합니다.

100의 힘을 들여야 하는 일이 있다고 칩시다. 그래도 그 일에 착수하는 사람은 120쯤 필요할 거라고 예상해야 합니다. 120을 준비하고 실제로는 100이 소요되는 일에 덤벼들어야만 승산이 있지 않겠습니까?

100의 힘이 필요한 일을 100의 힘만을 가지고 시작한다고 가정합시다. 중간에 어려움을 만나거나 뜻대로 되지 않아 그 이상의 힘을 써야 할 경우 그 일을 이루지 못하게 됩니다.

사업을 하거나 직장 생활을 할 때에도, 목표를 얕잡아 보지 않는 신중함이 필요합니다. 거기에 충분히 도달할 수 있는지를 계산하고 해야 합니다. 그러면 예상대로 끝나면 감사한 일이고, 뜻밖의 일이 발생해서 더 많은 힘을 들였다 할지라도 결국 성취할 것입니다.

직장 생활을 하는 사람이 잊지 말아야 할 것이 있습니다. 성실한 사람은 출근 시간을 지키고, 유능한 사람은 퇴근 시간을 지킵니다. 업무에 실패하는 사람은 용서해도, 출근에 실패하는 사람은 용서할 수 없습니다. 업무에 있어서는 최선을 다해도 안 되는 일이 있지만, 출근하는 일은 게으르지만 않으면 할 수 있기 때문입니다.

고용한 사람에게는 1분이 돈인데, 출근 시간이 지났는데도 보이지 않고 퇴근 시간도 되기 전에 사라진다면 어떻게 그를 계속 쓸 수 있겠습니까?

직장 생활을 할 때 들은 이야기입니다. 근처에 있는 어느 회사에서 있었던 일입니다. 예수 믿는 사람들이 점심시간이면 모여서 성경 공부와 기도회를 가졌습니다. 그런데 그것이 회사에서 문제가 되었습니다. 그 신우회 모임을 문제 삼는 상사에게, 한 그리스도인 사원이 따졌습니다. "우리에게는 신앙의 자유가 있습니다. 왜 그리스도인들을 박해하십니까?"

상사는 항의하는 사원에게 정색을 하고 말했답니다. "나는 당신들이 무엇을 믿든지 상관하지 않습니다. 그런데 왜 매주 화요일이면 점심시간이 끝난 후 30분이 지나도록 업무에 복귀하지 않는 겁니까?"

직장에서 그리스도인으로서 빛으로 살기 원한다면, 유능하고 성실한 사람이 되십시오. 자신의 일을 완벽히 해내면서도 남을 도울 수 있는 사람이 되도록 노력하십시오. 그래야 전하는 복음이 영향력을 끼치지 않겠습니까?

* *

둘째로, 영적 삶의 지혜와 관련해서 생각해 봅시다. 영적 생활에서는 하다가 그만두어 버리는 게으름은 더욱 나쁜 영향을 끼칩니다.

살다가 보면 행운이 찾아오는 수가 있습니다. 슈퍼마켓에서 경품을 타기도 하고, 어쩌다 구입한 복권이 당첨되기도 하고, 헐

값에 산 집의 값이 많이 오르기도 합니다. 그러나 영적 생활에서는 눈먼 은혜란 없습니다. 사모하지 않는데 은혜를 받는 경우는 드뭅니다. 말씀을 들으려고 하지 않았는데 깨닫게 되는 경우도 거의 없습니다. 게으름과 싸우지 않는데 부지런해지는 경우도 없습니다.

하나님은 언제나 우리를 돌보아 주십니다. 돌보실 때도 우리와 함께 일하십니다. 선한 목표를 좇아 살려고 애쓸 때 도와주십니다. 하나님은 보람 있고 행복한 삶을 살게 하십니다. 가르치시고, 꾸짖으시고, 고쳐 주시고, 알려 주셔서 당신의 뜻을 따르게 하십니다. 이기려는 사람에게 승리할 수 있는 길을 주시고, 선한 일을 위해 살려는 사람들에게 열정을 주십니다.

어린 자녀가 집을 나갔습니다. 밤이 늦었는데도 집에 돌아오지 않습니다. 그때 이렇게 말하며 잠자리에 들 부모가 있겠습니까? "다섯 살이면 다 컸는데, 스스로 알아서 하겠지. 친구 집에서 놀다가 외박이라도 하려나……."

집 나간 아들이 어리면 어려서 걱정이고, 귀가하지 않은 딸이 다 컸으면 또 그래서 걱정할 것입니다.

하나님의 마음이 그렇습니다. 우리가 몸을 돌보지 않고 혹사하면 염려하십니다. 게으름으로 나태하게 살면 근심하십니다. 모두 우리를 사랑하시기 때문입니다. 한 번밖에 없는 인생을 보람 있고 행복하게 살기를 원하시기 때문입니다. 그래서 시시때때로 말씀으로 깨닫게 하십니다.

그렇지만 아무리 말씀을 듣고 자극을 받아도 무슨 소용이 있습니까? 처음에는 뜨끔해서 노력하다가 이내 포기한다면 무엇이 달라지겠습니까? 스스로 삶을 바꾸려는 의지가 없는데, 그 깨달음이 얼마나 지속되겠습니까? 많이 깨닫고 그리하지 않는 사람보다는, 적게 깨닫고 거기에 자신의 삶을 붙들어 매려는 사람에게 더 큰 희망이 있지 않겠습니까?

거룩한 생활은 결심만으로 되지 않습니다. 그것을 지속적으로 실천해 갈 헌신이 요구됩니다. 각오라는 미사일이 죄라는 비행기를 향해 아무리 많이 발사되었다고 해도 명중시킨 적이 없다면 아무것도 아닙니다. 설죽은 죄는 상처 입은 짐승처럼 거세게 반격할 것입니다.

게으르게 살면서, 이전에 받은 은혜에 가슴 뿌듯해하지 마십시오. 지금은 돌처럼 단단한 마음을 가지고 살면서, 그 옛날의 자기 깨어짐의 경험에 대견해하지 마십시오. 자랑하는 훈장들은 오래전에 망해 버린 나라의 녹슨 훈장과 같은 것입니다.

삶으로 '아멘'을 말하십시오. 게으름에서 돌이키십시오. 게으른 사람들도 "수시로 깨어나서 은혜를 받았습니다."라고 말할지 모르지만, 하나님 보시기에는 늘 깨워도 다시 잔 것입니다.

예수님의 생애를 생각해 보십시오. 불꽃처럼 사셨습니다. 일찍 죽고자 작정하신 분처럼 자신을 다 태우면서 사셨습니다. 영혼들을 사랑하시되 배반하는 제자까지도 끝까지 사랑하셨고, 진리를 가르치시되 죽기까지 가르치셨습니다(요 13:1).

* * *

우리는 끈질긴 타락으로 주님을 고통스럽게 하였습니다. 그러나 하나님은 포기하지 않으셨습니다. 그리스도께서 우리를 쉽게 포기하셨다면 어찌 되었을까요? 우리는 구원받지 못했을 것입니다. 아직도 광야와 같은 인생길에서 유리하며 고통받고 있었을 것입니다.

한순간도 게으르게 사신 적이 없는 그리스도를 본받으십시오. 우리가 게으름과 싸우되 피 흘리기까지 싸워야 하지 않겠습니까?(히 12:4) 하나님의 사랑을 알았는데 게으르게 살 수는 없지 않겠습니까? 여러분은 이 세상에 존재하는 것만으로도 그분의 기쁨이 되고 싶지 않습니까?

사랑은 끈질긴 열망입니다. 넘어지면 일어서게 하고 쓰러지면 기어서라도 섬기게 하는 열망입니다. 사랑엔 게으름이 깃들

자리가 없습니다. 이제껏 낭비한 세월이 아깝지 않습니까? 죽은 자처럼 산 시간들이 소중하지 않습니까?

전에는 진리를 깨닫지 못해서 그렇게 살았다고 변명이라도 할 수 있었습니다. 그러나 진리가 우리 앞에 명백하게 드러나 있는 지금에 와서야 그럴 수도 없지 않습니까?

한 번밖에 없는 인생입니다. 가슴에 불을 품고 사십시오. 자신을 불쏘시개 삼아 세상이라는 들판에 사랑의 불을 지르기를 꿈꾸십시오. 깨닫게 하신 진리로 거룩한 의무에 대한 열정에 불타오르십시오. 십자가 사랑에 감격하며 사십시오.

선한 목표를 갖지 못한 채 살아가는 사람들은 불쌍합니다. 십자가 사랑을 알고도 불타는 삶의 목표가 없는 사람들을 생각해 보십시오. 그들이 얼마나 가련합니까? 그들이 가진 육체의 힘은 누구를 위한 것이며, 영혼의 은혜는 무엇을 위한 것일까요?

아아, 이 세상에는 해야 할 선한 일들이 얼마나 많은지요. 하나님 영광을 위해 감당해야 할 사명은 구르는 돌처럼 많고, 가치 있는 일은 들판에 흩어진 흙덩이만큼이나 허다합니다. 희어져 추수하게 된 밭을 보시며 일꾼을 부르시는 탄식하시는 음성이 들리지 않습니까?(요 4:35)

"게으른 자는 자기의 두 눈에는 이치에 맞게 대답할 수 있는 일곱 사람보다 자기가 더 지혜롭다고 여긴다"(잠 26:16, KNJ 私譯).

חָכָם עָצֵל בְּעֵינָיו מִשִּׁבְעָה מְשִׁיבֵי טָעַם:

제9장

게으름과 교만

죄는 인간을 교만하게만 한 것이 아닙니다. 불경건한 고집도 심어 주었습니다. 불경건하고 고집이 센 사람들은 대개 무지합니다. 그들이 의지할 것은 고집밖에 없습니다. 내세울 신앙과 이성이 없기 때문입니다. 그래서 지혜자는 말합니다.

"게으른 자는 사리에 맞게 대답하는 사람 일곱보다 자기를 지혜롭게 여기느니라"(잠 26:16).

이와 대조적으로 경건한 사람은 확신을 가지고 있으나 유순합니다. 더 분명한 진리와 더 이성적인 논리에 의해 설득될 준비가 되어 있기 때문입니다.

고집과 소신은 서로 다릅니다. 소신은 자신의 사상적 얼개 속에서 나오는 일관성이고, 고집은 자기 집착에서 나오는 부패한 의지입니다. 신념을 가진 사람의 행동에는 통일성이 있지만, 고집 센 사람의 행동에는 일관성이 없습니다. 이는 자기 사랑이 변덕스럽기 때문입니다.

그 사람도 간혹 그것이 좋지 않다는 것을 압니다. 그러나 고치지 않습니다. 마음이 완악하기 때문입니다.

이러한 사실은 교육에 있어서도 유의해야 할 부분입니다. 부모는 자녀들이 어릴 때부터 불경건한 고집을 갖지 않도록 해야 합니다.

더 좋은 논리로 설득당하는 보람을 인격적으로 알게 해주어야 합니다. 자율적으로 믿고 사고하면서도 자신을 꺾을 줄 알도록 자라게 해야 합니다.

*

지혜자는 솔로몬왕입니다. 어느 시대든 왕에게는, 비록 소수이지만 옳은 말을 하는 사람이 있게 마련입니다. 지혜자에게도 그런 사람들이 있었을 것입니다. 그는 옳은 말을 조리 있게 아뢰는 사람들을 만나 설득된 경험이 있었을 것입니다.

그가 보기에, 게으른 사람에게는 뚜렷한 특징이 있었습니다. 일곱 사람이 하는 이성적이고 이치에 맞는 대답보다 자기만의 생각을 고집하는 것이었습니다.

일곱은 성경에서 완전수입니다. 만약 단 한 사람이 대답한 것이라면 틀릴 수도 있을 것입니다. 그러나 일곱 사람이 같은 의견이라면 그것은 옳을 가능성이 많습니다. 하지만 게으른 사람은 자기 주장을 포기하지 않습니다.

게으른 사람이 고집스러운 것은 다른 사람과 소통하는 데 게으르기 때문입니다. 고집이 센 사람은 강해 보입니다. 그러나 그것은 진정으로 강한 것이 아닙니다. 불합리한 고집에는 어떤 감화력도 없기 때문입니다.

세상이 창과 칼에 의해 정복되는 것 같지만, 사실은 그렇지 않습니다. 온 땅을 창칼로 밟고 지나가도 정신은 지배하지 못할 수 있습니다.

알렉산드로스 3세(Alexandros III, BC 356-BC 323)는 그리스, 페르시아, 인도까지 정복하여 대제국을 수립하였습니다. 일찍이 아리스토텔레스(Aristoteles, BC 384-BC 322)에게서 학문을 배운 그는 헬레니즘의 전파자가 되었습니다. 정복지에 그리스 문화를 전파하였고, 이것은 서양 문명의 한 토대가 되었습니다.

알렉산드로스가 죽은 후, 마케도니아 제국은 세 왕조로 나뉘어졌고, 그 후에는 변방에서 일어난 로마에 의해 함락되었습니다. 로마는 정치적으로는 마케도니아를 점령했지만, 문화적으로는 헬레니즘에 정복되었습니다.

세상을 지배하는 힘은 창과 칼이 아닙니다. 세상을 지배하는 진정한 힘은 감화력입니다. 마음이 온유한 사람들은 감화력으로 세상을 지배합니다(마 5:5).

예수님은 칼을 들고 설치는 베드로를 말리시고, 말없이 끌려가셨습니다(마 26:52). 그러나 로마가 발달한 병기로 지배할 수 없었던 헬레니즘 세계를 예수님이 지배하셨습니다. 복음 진리와 그분의 거룩한 인격의 감화 때문이었습니다. 복음이 전해지는 곳에 그분의 사랑도 함께 전파되었습니다. 사람들은 하나님의 아들이 십자가에 달리셨다는 사실에 감화를 받았습니다.

게으르고 고집만 센 사람들에게는 이런 감화력이 없습니다. 큰소리로 자기의 주장을 외치지만 다른 사람의 마음을 무릎 꿇

게 하지는 못합니다. 그리스도의 복음은 감화를 통해 사람들의 마음에까지 다다르게 되는데, 어찌 그런 사람들을 통해 하나님의 나라가 확장될 수 있겠습니까?

고집은 자기의 의견을 바꾸거나 고치지 않고 굳게 버티는 것이나 그런 성미를 가리킵니다.[*]

이런 의문이 떠오를지도 모릅니다. '고집이라는 것이 정말 나쁘기만 한 것인가?'

고집은 마음에 뿌리를 둔 성품입니다. 문제가 되는 것은 거기에 깃든 죄성입니다. 거룩한 삶에 방해가 되는 것은 타고난 기질이 아닙니다. 그것이 부패한 본성과 결탁하는 것입니다.

도라지를 손질해 본 적이 있으십니까? 도라지는 껍질을 벗긴 후, 찬물에 한참 담가 놓았다가 요리해야 합니다. 그래야만 도라지 안에 있는 쓴 물이 빠지기 때문입니다.

통도라지를 껍질째 물에 담가 두어서는 쓴 물이 빠지지 않습니다. 껍질을 까고 방망이로 두드리거나 칼로 찢어서 물에 담가 두어야 합니다.

---

[*] "자기 의견을 바꾸거나 고치지 않고 굳게 지켜서 우김. 또는 그 우기는 성질." 고려대학교 민족문화연구원 국어사전편찬실 편, 『고려대 한국어대사전(ㄱ–ㅁ)』 (서울: 고려대학교 민족문화연구원, 2011), 484.

고집스러운 성품은 쓴 물을 머금은 도라지와 같습니다. 통도라지처럼 불경건한 고집이라는 죄의 쓴 물을 머금고 있습니다. 말씀으로 두드려져 가리가리 해체되어 은혜의 물 속에 잠길 때 그 쓴 물이 빠져나옵니다.

**

로이드존스(David Martyn Lloyd-Jones, 1899-1981) 목사님은 젊은 시절, 중고 책방에서 우연히 조나단 에드워즈(Jonathan Edwards, 1703-1758)의 전집을 손에 넣게 되었는데, 그 책을 읽으며 큰 충격을 받았습니다. 조나단 에드워즈가 만난 하나님 앞에서 자신이 티끌 같아지는 것을 경험하였습니다.**

그리고 그것을 계기로 성경적인 신앙의 세계에 관심을 갖게 되었습니다. 후일 20세기 설교자들 중에서 복음에 대한 해박한 이해를 가진 가장 탁월한 설교자 가운데 한 사람이 되었습니다.

** D. M. Lloyd-Jones, "Jonathan Edwards and the Crucial Importance of Revival," in *The Puritans: Their Origins and Successors* (Edinburgh: The Banner of Truth Trust, 2002).

이것이 깨뜨려짐입니다. 자기 깨어짐은 죄에 대한 사랑과 자기 의에 대한 깨어짐입니다.*

게으른 사람은 고집스럽고, 고집스러운 사람은 사고가 폐쇄적입니다. 신앙에 대해서도 더 많이 배우려고 하지 않습니다. 고집과 교만의 철갑을 두른 채 살아갑니다. 그러고는 하나님의 생명으로부터 멀어집니다.

무지한 사람일수록 깨뜨려져 본 적이 없고, 그런 사람일수록 고집이 셉니다. 고집스러운 사람들은 대부분 우물 안 개구리와 같습니다. 지성적으로나 실천적으로나 편협한 틀 속에 있는 경우가 많습니다.

더 많이 깨뜨려질수록 하나님을 사랑하게 됩니다. 그릇된 자기 사랑을 버리고 지혜로운 사람이 됩니다.

제대로 배울수록 겸손해지게 됩니다. 학문의 세계 속으로 깊이 들어가 본 사람은 교만해질 수가 없습니다. 한 인간의 지성이라는 것이 얼마나 하찮은 것인지 깨닫게 되기 때문입니다.

---

* "자기 깨어짐이란 신자 안에 있는 부패한 자기 사랑이 파괴되는 것을 의미하는데, 이는 죄에 대한 사랑과 거기에 기반을 둔 자기의(自己義)에 대한 신뢰가 파괴되는 것이다." 김남준, 『자기 깨어짐』 (서울: 생명의말씀사, 2022), 24.

헤아릴 수 없이 많은 사람들의 지적 헌신 속에서 이루어진 인류의 지성사를 생각해 보십시오. 그것이 바다라면 나 한 사람의 지적 용량은 겨우 바가지 하나에 지나지 않습니다. 이런 생각을 하노라면 겸손해집니다.

우리가 진리의 빛을 많이 받았지만, 아직도 모르는 것이 많습니다. 그것은 지적 어두움입니다(시 119:18).

거기에 영적인 어두움이 더할 때 무지하고 완고한 삶을 살게 됩니다(잠 4:19, 마 6:23). 이러한 어두움은 게으름의 장막에서 짙게 드리웁니다.

지혜와 늘 짝을 이루면서 성경에 등장하는 단어는 충성입니다(마 24:45). 그리고 이와 반대인 짝이 바로 게으름과 악입니다(마 16:4). 지혜는 올바른 일에 열심을 품고 부지런하게 산 사람에게 주어집니다.

은혜의 세계에 대해서 무지하다고 생각한다면, 그것을 알려는 부지런함이 있었는지 점검해 보십시오. 뜻을 세우고 열심히 살고자 했는지 반성해 보십시오. 복음의 이치들을 깨닫기 위해 애썼는지 반성해 보십시오.

단회적인 구원의 경험은 거룩한 삶의 시작일 뿐입니다. 안으로는 남아 있는 부패한 본성과 싸우고, 밖으로는 유혹과 시험에 대항하여 이겨야 합니다. 부지런함과 성실함 없이는 이 일을 이룰 수 없습니다.* 하나님을 아는 지식은 우리의 모든 삶을 걸고 추구할 때 획득됩니다. 아우구스티누스(Aurelius Augustinus, 354-430)는 『삼위일체론』(De Trinitate)에서 다음과 같이 말합니다.

"지극히 높으신 삼위일체를 기억하고, 알고, 사랑하기 위해서는 살아가는 모든 것을 마땅히 그분을 기억하고, 알고, 사랑하는 일에 연관시키지 않으면 안 된다."**

이것은 게으른 삶을 통해서는 결코 획득될 수 없습니다. 성경을 통달한 사람이라고 할지라도 깨달은 진리에 자기의 삶을 연

---

* "일체의 성실함(sincerity)과 부지런함(diligence)을 가지고 총체적인 순종을 하지 않는다면 너무나도 혼란스럽게 하는 정욕을 단 하나도 죽일 수 없을 것이다"(Without sincerity and diligence in a universality of obedience, there is no mortification of any one perplexing lust to be obtained). John Owen, *Of the Mortification of Sin in Believers*, in *The Works of John Owen*, vol. 6, ed. William H. Goold (Edinburgh: The Banner of Truth Trust, 1991), 40.

** "Ad quam summam trinitatem reminiscendam, uidendam, diligendam ut eam recordetur, eam contempletur, ea delectetur totum debet referre quod uiuit." Aurelius Augustinus, *De Trinitate*(15, 20, 39), in *Corpus Christianorum Series Latina*, vol. 50A (Turnholti: Brepols, 1968), 517.

관 짓지 않으면 하나님을 알 수 없습니다. 우리가 게으를 수 없는 것도 그 때문입니다. 진리를 아는 지식은 게으른 삶을 통해서는 결코 획득될 수 없습니다.

살을 찢는 통증으로 아파하는 병든 조개가 진주를 품듯이, 치열하게 살아온 신자가 진리를 깨닫습니다. 그러한 깨달음 속에서 그리스도를 닮아 가는 기쁨은, 게으름의 유혹을 뿌리친 수고와 비교할 수 없습니다.

게으름은 우리를 어리석음으로 데려갑니다. 무지와 교만으로 우리의 눈을 어둡게 합니다. 그러나 부지런함은 지혜롭게 합니다. 하나님을 알고 사랑하게 해줍니다. 마음을 강하게 하고 목적 없이 게으르게 살지 말아야 합니다. 하나님의 부르심을 따라 옳은 일을 위해서 분투하며 살아야 합니다.

그래야 예수님이 그날에, 우리의 눈물과 땀을 닦아 주시며 말씀하시지 않겠습니까?(계 21:4).

"정말 수고했구나. 네가 어떻게 살아왔는지 내가 안다."

"이에 식초와 같고 두 눈에 연기와 같은 것이 있으니
게으른 자가 그를 보낸 자들에게 이와 같다"(잠 10:26, KNJ 私譯).

כַּחֹמֶץ ׀ לַשִּׁנַּיִם וְכֶעָשָׁן לָעֵינָיִם כֵּן הֶעָצֵל לְשֹׁלְחָיו׃

제10장

게으른 자와 하나님의 마음

오래전 일입니다. 어떤 잡지를 읽다가 울고 말았습니다.

제가 본 것은 노동 운동을 하다가 전도자가 된 사람의 인터뷰 기사였습니다.

그는 파업을 주도했다는 이유로 감옥까지 갔다 왔습니다. 그 후 그리스도께 회심하고 열심 있는 신자가 되었습니다. 그리고 복음을 전하는 전도자가 되었습니다.

인터뷰를 끝내며, 희망 사항을 묻는 기자의 마지막 질문에 그는 자신이 평소에 드리는 기도로 대답했습니다. 내 가슴에 못처럼 박혔습니다.

"하나님, 저는 배운 것도 없고 능력도 없어서 주님 위해 큰일을 할 수 없습니다. 그래서 언감생심 저를 크게 써 주시도록 기도도 못 합니다. 그렇지만 혹시 귀한 사명을 맡겨 주신 사람 가운데 게으른 사람이 있다면, 그 사람 굳이 쓰려고 애쓰지 마시고 저를 대신 써 주십시오. 비록 능력은 없지만 게으르지 않고 부지런히 섬기겠습니다."*

게으름은 분발하지 않는 것입니다. 선한 일에 힘을 내지 않는 것입니다. 지혜자는 말합니다.

"게으른 자는 그 부리는 사람에게 마치 이에 식초 같고 눈에 연기 같으니라"(잠 10:26).

---

* 이 인용문은 그때 읽은 잡지의 이름과 기사의 제목을 찾을 수 없기에 기억을 더듬어 적은 것이다.

이는 지혜자의 마음속에 있는 게으른 자의 이미지를 보여줍니다. 일을 하기는 하지만, 마지못해서 아주 게으르게 하는 모습입니다.

*

충성스러운 자는 추수할 때 마시는 한 사발 얼음냉수에 비유되었습니다. 충성스런 사람은 부리는 사람의 마음을 시원하게 한다는 것입니다(잠 25:13).

반면에 게으른 자는 눈의 연기와 이의 초(醋)에 비유되었습니다(잠 10:26). 게으른 사람은 괴로움을 준다는 것입니다.

게으른 종은 일을 함에 있어 전혀 분발하지 않았습니다. 그래서 부리는 주인의 마음에 불편하고 힘들었습니다. 지혜자는 주인의 고통을 '이에 초, 눈에 연기'로 묘사합니다. 이것들은 치명적인 것은 아니지만, 견딜 수 없는 불쾌함을 동반하는 괴로움입니다. 게으른 자를 바라보시는 하나님의 마음을 보여줍니다.

한 가지 일을 꾸준히 하는 것도 아름다운 일입니다. 그러나 그것보다 더 중요한 것이 있습니다. 그 일을 위해 얼마나 분발했느냐 하는 것입니다.

하나님이 일을 맡기셨을 때의 의도를 생각해 보십시오. 단지 오래 하라고 맡기신 게 아닙니다. 충성스럽게 헌신하라고 맡기신 것입니다(고전 4:2). 좋은 열매를 많이 맺으라고 맡기신 것입니다. 아무리 오래 했어도 태업(怠業)하듯이 해 왔다면, 그 세월은 부끄러운 것입니다.

직업 활동을 생각해 보십시오. 얼마나 오랫동안 종사했느냐보다 더 중요한 것은 얼마나 열정적으로 해 왔느냐입니다.

그저 일하는 것을 견디는 사람과 적극적으로 잘 해내려는 사람의 차이는 매우 현저합니다. 누가 일하면서 발전하는 사람일까요?

**

기업체를 경영하는 사람의 가장 큰 자산은 땅이나 돈이 아니라 사람입니다. 사업의 성공 여부는 두 가지에 달려 있습니다.

첫째로, 기업가의 철학입니다. 그것이 올바르지 않다면 성공할 가치가 없는 기업입니다. 일을 시키는 자가 누구인가가 중요합니다. 나라가 바르게 되기 위해서는 기업을 경영하는 사람들이나 나라를 다스리는 사람들이 소명 의식을 가져야 합니다.

권력과 돈은 사람을 부패하게 만드는 속성을 가지고 있습니다. 돈 자체가 나쁜 것은 아닙니다. 그러나 그것을 사랑할 때 많은 악들을 저지르게 됩니다(딤전 6:10).

돈은 사람으로 하여금 뜬구름 잡듯이 살게 만드는 마력을 가지고 있습니다. 그래서 그러면 안 된다는 것을 알면서도, 돈 때문에 인간의 도리를 저버리기도 합니다. 기업가는 단지 돈만 벌려고 해서는 안 됩니다.

둘째로, 함께 일하는 사람들입니다. 그들이 어떤 태도를 가지고 일하느냐에 성공이 달려 있습니다. 만약 여러분이 사람을 채용하는 입장에 있다면 누구를 선택하시겠습니까?

머리도 좋고, 능력도 있으며, 정직하고 순발력 있고, 교양과 외모를 갖추고, 신앙까지 좋은 사람이라면 더할 나위 없을 것입니다. 그러나 완벽한 사람을 구하는 것은 쉽지 않습니다. 또 그런 사람은 더 좋은 일자리를 찾아가려고 할 것입니다.

모든 조건을 다 갖춘 사람을 고용할 수 없을 때는, 가치의 우선순위를 정하고 거기에 맞는 사람을 뽑아야 할 것입니다. 그런데 어떤 경우에도 빠뜨리지 않고 확인해야 하는 항목이 있습니다. 그가 게으른 사람이어서는 안 된다는 것입니다.

지혜자는 게으른 사람을 정직하지 않은 사람이라고 말합니다(잠 15:19). 그들에게는 부정의 소지가 있습니다. 더구나 게으른

사람은 잡담을 좋아하기 때문에 중요한 정보를 누설할 위험이 있습니다(잠 20:19).

예전에 우리나라 사과 중에 국광이라는 품종이 있었습니다. 대구 지역에서 재배되던 품종인데, 지금은 재배하는 사람이 없다고 합니다.

신맛을 특징으로 하는 단단한 사과인데, 깨물면 신물이 이빨 사이를 타고 흐르며 사람을 몸서리치게 만듭니다. 그것이 신선한 사과의 과즙과 함께 느껴지는 신맛이기에 즐기는 사람들이 있었습니다.

그러나 만약에 다른 맛 없이 신맛만 있다면, 그것은 마치 이빨 사이에 독한 식초를 부은 것 같은 느낌일 것입니다. 그 느낌만 계속된다면 참을 수 없는 고통일 것입니다. 본문은 게으른 사람을 고용한 주인의 심정이 그렇다고 합니다.

어느 선교지를 방문했을 때의 일입니다. 교회에 화장실이 없어서 재래식 화장실을 만들고 있었습니다. 한국에서라면 두 사람이 이틀이면 끝낼 일을 그곳에서는 현지인 네 사람이 일주일을 해도 완성을 못 하고 있었습니다.

나도 그들이 일하는 모습을 보았습니다. 시멘트와 모래에 물을 부어 섞는데 매우 느린 동작으로 삽질을 하고 있었습니다. 옆에 있던 선교사는 그들이 일하는 태도에 답답해서 속을 부글부

글 끓였습니다. 그는 아예 일하는 모습을 보지 않으려고 현장을 떠났습니다.

비슷한 이야기를, 그 지역에서 사업하는 사람으로부터 들었습니다. 업무를 돕는 현지인 젊은이가 성실하게 일을 잘하기에, 기특해서 보너스로 한 달 치 월급을 더 주었답니다. 그랬더니, 그 다음날부터 소식도 없이 일주일간 출근을 안 하더랍니다.

일주일 후 아무렇지도 않은 얼굴로 출근한 그에게 왜 그동안 결근했는지 물었더니, 그는 태연하게 말했습니다. 생각지 않게 생긴 공돈을 쓰느라고 못 나왔다는 것입니다. 그런 사람들을 데리고 일하는 것은 고문입니다.

***

신발을 만드는 회사에서 있었던 일입니다. 아프리카에 진출하는 사업 아이디어를 놓고 고심하다가 두 명의 직원을 보냈습니다. 시장성을 타진해 보라고 한 것입니다. 후일, 두 사람은 서로 다른 보고서를 제출했습니다.

한 사람이 의견을 냈습니다. "아프리카 사람들은 신발을 신지 않습니다. 신발을 만들어도 사지 않을 것입니다." 또 한 사람은 다른 의견을 냈습니다. "신발을 신은 사람이 거의 없습니다. 그러므로 시장성이 무궁무진합니다."

이 두 사람의 차이가 무엇일까요? 열정입니다. 후자의 사람에게는 아프리카 사람들에게 신발을 신으면 얼마나 편리한지를 홍보하려는 열정이 있었지만, 전자의 사람에게는 그런 수고를 할 마음이 없었습니다.

우리가 일터에서 그리스도인임을 어떻게 증명합니까? 단지 직장에서 신우회를 만들고 주일에 교회 가는 것만으로써가 아닙니다. 부지런한 삶으로 하나님을 사랑하는 자녀임을 입증해야 합니다.

인생의 분명한 목적을 가지고 있어야 합니다. 그 목적을 이룰 명확한 목표가 있어야 합니다. 그것을 이루도록 부지런히 일해야 합니다. 열정은 오직 부지런한 사람에게 기대할 수 있습니다. 마지못해서 움직이는 게으른 사람에게 어떻게 열정을 기대할 수 있겠습니까?

"그들은 우리의 밥이다. 우리는 하나님이 행하시는 놀라운 일을 보게 될 것이다. 왜냐하면 하나님이 우리와 함께하시고 저들은 버리셨기 때문이다."

기골이 장대한 가나안 원주민을 보고 와서, 여호수아와 갈렙이 한 말입니다(민 14:9). 그러나 다른 정탐꾼들은 말했습니다(민 13:33). "그들은 신장이 장대하나 우리는 메뚜기와 같다. 그들이 우리보다 강하니 우리는 그들을 이길 수 없다."

무엇 때문에 그들은 사실과 다른 말까지 보탠 거짓 보고로 이스라엘 백성들을 낙심하게 하였을까요? 믿음도 열정도 없었기 때문입니다.

마치 식초를 이빨 사이에 머금은 듯 찡그리게 하고, 바라보면 볼수록 눈을 맵게 하는 연기 같은 사람이 옆에서 시중들고 있다고 생각해 보십시오. 그에게 좋은 보수를 주고, 특별히 사랑하고, 중요한 직책을 맡길 수 있겠습니까?

하나님은 자기밖에 모르는 이기적인 고용주가 아니십니다. 그래서 일단 우리를 일꾼으로 세워 놓으시면 긍휼히 여기십니다. 지금은 게을러도 변화되어 충성스럽게 섬길 때까지 기다리십니다. 변화될 기회를 주십니다. 언젠가는 게으름을 회개하고, 처음 사랑을 회복하기를 바라십니다.

열정이 없으면서도 섬김을 내려놓지 못하는 사람이 있습니다. 내려놓자니 섭섭하고, 계속하자니 힘이 듭니다. 어쩌면 그동안 섬긴 것이 부끄러워 한 번 더 섬길 기회를 갖고 싶은 것일 수도 있습니다.

사정이 어떠하든지 일단 일을 맡았으면 그냥 붙들고만 있으면 안 됩니다. 열정적으로 섬겨야 합니다. 매 순간 자신을 점검해야 합니다. 그 일을 하는 동기가 무엇인지, 충분한 열정으로 행하고 있는지 확인해야 합니다.

그 일을 중심으로 생활을 재편해야 합니다. 시간이 없으면 다른 일을 줄여서 시간을 내고, 거리가 먼 것이 방해가 되면 이사를 하고, 돈이 필요하면 어디선가 조달해야 합니다.

게으른 자가 분발하는 열심을 가지지 않는 것은 무엇 때문입니까? 충성스럽고 부지런하게 살지 않는 것은 무엇 때문입니까? 그것은 모두 자신의 위치를 망각하였기 때문입니다.

우리는 모두 하나님의 종입니다(스 5:11). 신분에 있어서는 아들이지만, 섬김에 있어서는 스스로 종이 되기를 자처한 사람들입니다.

그리스도께서는 하나님이셨지만, 종의 형체를 입고 오셨습니다(빌 2:7-8). 힘들고 고통스러운 일들을 많이 감당하셨습니다. 사람들은 칭송과 우러름보다는 비난과 손가락질을 더 많이 하였습니다.

당시 사람들의 시선으로 볼 때 예수님의 섬김은 결코 고상한 일이 아니었습니다. 죄인으로 소문난 세리와 창기에게 인생의 도리를 가르치시고, 병자와 가난한 자를 찾아다니셨습니다.

스코틀랜드의 복음 전도자이자 시인이었던 호레이셔스 보나(Horatius Bonar, 1808-1889)는 18세기에 영적 각성과 부흥을 위해 수고했던 목회자들을 회고하며 다음과 같이 말합니다.

"그들은 사는 날 동안 무거운 짐과 뜨거운 고난을 짊어지게 해 달라고 간구했다. '즐거움을 경멸했으며 힘든 나날들을 사랑했다.'라는 말은 진실로 그들에게 해당되는 말이었다. 그들의 삶은 육체와 영혼의 부단하고도 굴하지 않는 노역(勞役)의 연대기였다. 시간, 힘, 재산, 건강, 자신의 전 존재와 자기의 모든 소유를 아낌없이 주님께 드렸으며, 자신들을 위하여 아무것도 챙겨 두지 않았고 아무것도 아까워하지 않았다. 기쁨과 감사함으로 자기들을 사랑하신 주님께, 자기들의 죄를 구속하시기 위해 육체를 깨뜨리사 흘리신 보혈로 죄를 씻어 주신 그리스도께 모든 것을 바쳤다."[*]

전도사로 섬기던 때였습니다. 담임 목사님은 부교역자들의 섬김에 대하여 종종 말씀하셨습니다.

---

[*] Horatius Bonar, "Editor's Preface," in *Historical Collections of Accounts of Revival*, ed. John Gillies (Edinburgh: The Banner of Truth Trust, 1981), viii.

"먼 훗날 담임 목사가 그들의 섬김을 생각할 때 눈물을 흘릴 수 있는 사람이 된다면, 그들은 복이 있습니다."

* * * *

어떤 때는 비감한 생각에 잠을 이루지 못합니다. '나는 왜 이것밖에 안 될까? 많은 영혼들을 돌봐야 하는데, 이렇게 지혜롭지 못할까?'

이런 생각에 잠길 때면 가끔 스스로 낙심하여 우울해지기까지 합니다. 제게는 다른 사람을 사로잡는 출중한 카리스마나 고매한 인격이 없는 것을 잘 압니다. 알고 있는 지식은 얕고 좁기만 합니다. 저 같은 사람의 설교를 듣고 영혼들이 변화되는 것을 보면 기적이라는 생각이 듭니다.

어떻게든 좀 더 잘 살아 보고자 하는데 쉽게 잘 되지 않습니다. 낙심과 결심을 반복할 따름입니다. 고민을 하다가 늘 같은 결론에 도달합니다. 그러고는 가난한 마음이 됩니다.

"내가 이렇게 못났으니, 하나님이 붙들어 주시기를 간구하자."

모든 일을 다 잘할 수는 없습니다. 그러나 게으르지 말아야 합니다. 게으름은 마음을 부패하게 만들고, 영혼의 생명을 쇠퇴하게 합니다. 거룩한 열정의 씨를 말려 버리고 죄의 정욕으로 가득 차게 만듭니다. 한 가지 결심은 해야 합니다.

"모자라고 부족하여 실패할 수는 있다. 그러나 게을러서 주저앉지는 말자."

성화의 삶을 살기 위해서는, 마음 깊이 배어 있는 게으름의 정신들을 추방해야 합니다. 힘닿는 대로 시간을 아껴서 열심히 섬겨야 합니다. 거룩한 의무에 열정을 불태워야 합니다. 주어진 사명에 최선을 다해야 합니다.

예수님을 본받아 맡은 바를 살 때, 영적으로 그분과 하나 되는 비결을 배우게 됩니다. 우리의 고통의 경험을 그분의 고난에 포개며, 서로 마음이 일치되는 것을 배웁니다. 거기서 죄를 사랑하는 자아는 죽고 그리스도와 함께 다시 살게 됩니다.

가끔 과도한 사역으로 너무 힘이 들면, 밤중에 혼자 누워서 주님을 생각합니다. 깊은 묵상 속에서 가슴에 두 손을 포개어 얹고 기도합니다.

"예수님, 저 오늘 아픕니다. 주님도 그러셨지요? 유대 땅으로 사마리아로 갈릴리로 다니셨지요? 그 먼 길을 꽃가마 타고 다니지 아니하시고 걸어 다니신 주님! 그때 저처럼 다리가 쑤시고 허리가 끊어질 듯 아프셨죠? 그래도 우리를 섬기셨지요? 힘 주세요. 잘할게요."

이런 묵상으로 기도를 드릴 때면 눈물이 납니다. 온몸을 부서뜨릴 듯 짓누르던 피곤이 달콤한 은혜로 바뀝니다. 2,000년 전 그리스도께서 당하신 고난이 내 마음에 스며드는 것처럼 느껴집니다. 그리고 감사하게 됩니다.

나 같은 죄인이 감히 하나님의 아들 그리스도의 고난에 참여한다는 생각 때문입니다(빌 3:10). 이런 방식으로 그리스도의 고통에 동참하면서 그분과 한마음이 되는 것을 배워 가야 하지 않겠습니까?

"그때 내가 보았다. 그리고 그것을 내 마음에 두었다.
내가 보고 한 교훈을 배웠다.
조금만 더 자자, 조금만 더 졸자, 두 손을 모으고 조금만 누워 있자.
그러면 네 가난이 노상강도처럼 올 것이며
너의 궁핍들은 무장한 군사처럼 올 것이다"(잠 24:32-34, KNJ 私譯).

וָאֶחֱזֶה אָנֹכִי אָשִׁית לִבִּי רָאִיתִי לָקַחְתִּי מוּסָר׃
מְעַט שֵׁנוֹת מְעַט תְּנוּמוֹת מְעַט חִבֻּק יָדַיִם לִשְׁכָּב׃
וּבָא־מִתְהַלֵּךְ רֵישֶׁךָ וּמַחְסֹרֶיךָ כְּאִישׁ מָגֵן׃

제11장

게으른 자의 교훈

우리의 자기 인식은 하나님의 평가와 다를 때가 있습니다(잠 16:2). 물론 다른 사람들의 생각과 다를 때도 많지요. 그만큼 자기 자신을 객관적으로 보는 것이 쉽지 않음을 알 수 있습니다. 그러나 가치 있는 삶을 살기 위해서 자신을 객관적으로 보는 노력은 꼭 필요합니다. 반성이라는 것도 자기 자신을 두둔함이 아니라 비판적으로 봄으로써 가능하기 때문입니다.

이러한 사실은 예수님이 라오디게아 교회를 향해서 하신 말씀에서도 잘 나타납니다.

"네가 말하기를 나는 부자라 부요하여 부족한 것이 없다 하나 네 곤고한 것과 가련한 것과 가난한 것과 눈먼 것과 벌거벗은 것을 알지 못하는도다"(계 3:17).

당시 라오디게아는 안약의 산지로 유명한 곳이었습니다.* 우리에게 인삼 하면 개성이나 강화가 떠오르듯이, 로마 사람들은 안약 하면 라오디게아를 떠올렸습니다. 안약의 명산지였기 때문에 수입이 많은 부자 동네였습니다. 그들은 부족한 것이 없다고 생각했습니다.

예수님의 생각은 달랐습니다. 라오디게아 사람들을 눈먼 자라 하시며, 오히려 그 안약을 그들 눈에 먼저 바르라고 하셨습니다 (계 3:18).

---

* Robert H. Mounce, *The Book of Revelation*, in *The New International Commentary on the New Testament* (Grand Rapids: Wm. B. Eerdmans Publishing Co., 1997), 110–111.

*

　자신이 게으른 사람인지 아닌지를 정확히 아는 방법이 있을까요? 여기 그 시금석이 되는 질문이 있습니다. "다른 사람들이 게으른 것을 볼 때, 마음에 안타까움이 있는가?"

　게으른 사람에게는 그런 안타까움이 없습니다. 모든 부지런함이 다 같은 것이 아닙니다. 부지런함에도 두 가지가 있습니다. 하나님 사랑의 감화를 입은 부지런함과 천성적인 부지런함입니다.

　타고난 부지런함에는 영혼과 육체의 모든 것을 포괄하는 균형이 없습니다. 자신의 행복에 필요한 의무들에만 성실한 것입니다. 그것은 자아가 깨어진 데서 온 부지런함이 아닙니다.

　지금은 하늘나라로 가셨지만, 아버님은 매우 부지런한 분이셨습니다. 일평생 새벽 4시 30분이 넘는 시간에 아버님이 주무시고 계시는 것을 본 적이 없습니다. 예수님 믿고 은혜받으시기 전이었는데도 말입니다.

　새벽 기도에 가기 위해 일어나 보면, 아버님은 벌써 깨어나셔서 라디오를 듣거나 마당을 쓸고 계시곤 했습니다. 정말 부지런한 분이셨습니다. 부지런한 성품을 가지고 태어나는 것도 복입니다.

은혜 받은 사람은 부지런하게 됩니다. 그는 다른 이의 게으른 삶을 보며 안타까움을 느낍니다. 그들이 낭비하고 있는 시간과 그들의 발휘되지 않은 능력이 아깝습니다. 그것들도 하나님의 것이기 때문입니다.

우리뿐 아니라 모든 이웃이 하나님의 영광을 위하여 살도록 태어났습니다. 조나단 에드워즈(Jonathan Edwards, 1703-1758)는 자신의 『결심문』(*Resolutions*)에서 말합니다.

> **결심 1** 나의 전 생애 동안 하나님의 영광과 나의 행복과 유익과 기쁨에 최상의 도움이 되는 것이라면 무엇이든지 행하자. 그것이 지금이든 아니면 오랜 세월이 걸리든 상관없이 시간은 고려하지 말고 그리 행하자. 내가 행해야 할 의무와 모든 인류의 행복과 유익에 최상의 도움이 되는 것이라면 무엇이든지 행하자. 내가 만날 어려움이 어떤 것이든, 그것이 제아무리 많고 크다 할지라도 그리 행하자."*

---

* Jonathan Edwards, "Resolution 1," *Letters and Personal Writings*, in *The Works of Jonathan Edwards*, vol. 16, ed. George S. Claghorn (New Haven: Yale University Press, 1998), 753.

적은 노력으로 큰 수확을 얻고자 부당한 방법을 사용하는 것도 게으름에서 비롯됩니다. 늦잠 자는 것이나 선한 의무를 내팽개치는 것만 게으른 것이 아닙니다.

예배와 섬김에 충실하지 못한 사람들은 저마다 이유를 가지고 있습니다. 직장에서는 격무에 시달리고 구조 조정의 칼바람이 붑니다. 가정에서는 부부간의 갈등과 힘겨운 자녀 양육으로 시름 놓을 틈이 없습니다. 중년이 되어 건강도 위협을 받습니다. 갱년기 우울증도 찾아옵니다.

구구절절 고되고 힘겨운 사연들입니다. 모든 것이 사실일 수도 있습니다. 그러나 누구나 그런 인생의 무게를 가지고 살아갑니다. 더 큰 인생의 무게는 하나님 의지하지 않고 사는 것입니다. 우리는 무슨 일을 만나든지 믿음으로 살아야 합니다.

**

경험은 성찰 속에서 교훈을 찾아내고 삶을 풍요롭게 합니다. 지혜자는 게으름에 관한 많은 가르침을 사람과 사물을 보고 경험하는 것을 통해서만이 아니라 그것을 해석하고 적용하는 것을 통해서 배웠습니다.

"내가 보고 생각이 깊었고 내가 보고 훈계를 받았노라"(잠 24:32).

어떤 교훈을 배우는 데 가장 좋은 것은 직접 경험하는 것입니다. 그러나 모든 교훈을 직접적 경험으로 배울 수는 없습니다. 비용이 너무 많이 들 때가 있고, 때로 윤리적으로 허락되지 않는 경우도 있습니다.

그래서 어떤 것들은 직접 경험을 통해서 배우지만, 또 어떤 것들은 간접 경험을 통해서 배웁니다. 책을 읽거나 남의 이야기를 듣는 것도 바로 이 때문입니다.

미련한 사람은 위험한 약을 한 사발 다 마시고도 그게 무언지 몰라서 고개를 갸우뚱거리다 죽어 가지만, 지혜로운 사람은 혀 끝에 살짝 대 보기만 하고도 기겁을 해서 멀리합니다.

최악의 상황을 경험하고 나면, 게으름이 얼마나 해로운 것인지를 깨닫습니다. 그러나 그런 식으로 깨닫는 것은 너무나 비용이 많이 들지 않습니까?

어떤 진리를 깨닫는 일에 있어서 중요한 것은 단지 경험의 양이 아닙니다. 중요한 것은 그것을 해석하고 자신의 삶에 적용하는 능력입니다.

성경은 악을 행하면 얼마나 곤고해지는지 시험해 보라고 하지 않습니다. 그것을 경계하라고 말합니다(갈 5:21, 딤후 4:2).

잠언의 기록자가 지혜자일 수 있었던 것은 다른 사람의 경험을 해석하고 스스로 경계했기 때문입니다(잠 13:18, 15:5, 31).

지혜자는 왕이었기에 밭을 갈 일도, 포도원에 가서 김을 맬 일도 없었을 것입니다. 그러나 우리는 그렇지 않습니다. 저마다 생계를 위해 일해야 할 터전을 갖고 있습니다. 따라서 본문은 결코 남의 이야기가 아닙니다.

"네가 좀 더 자자, 좀 더 졸자, 손을 모으고 좀 더 누워 있자 하니"(잠 24:33).

누군가는 반문할 것입니다. "자고, 졸고, 눕는 것이 죄입니까?" 죄는 아닙니다. 그러나 게으른 자의 이 욕구는 정당한 휴식이 아닙니다. 그런 욕구에 길들여지면, 인생은 망가집니다.

게으름의 결과는 가난과 궁핍으로 밀려옵니다. 육신적으로 가난해지고, 영적으로도 궁핍해집니다. 그런 일이 강도를 만나는 것처럼 예기치 못한 때에 찾아옵니다. 군대처럼 밀려와서 우리를 짓밟아 버립니다.

"네 빈궁이 강도같이 오며 네 곤핍이 군사같이 이르리라"(잠 24:34).

지난날을 돌아보십시오. 성실하게 살았으면 수고로 인해 풍성한 열매가 가득해야 할 삶의 터전입니다. 혹시 게으름으로 인해 거친 풀과 가시덤불만 무성하게 되지는 않았습니까?

누구에게나 시간은 동일한 속도로 흐르며, 한 번 흘러간 시간은 다시 돌아오지 않을 영원 속으로 사라져 버립니다. 게으르게 사는 시간이 길면 길수록, 제대로 살아 볼 시간은 짧아집니다.

＊＊＊

옛날이야기 가운데 황금알을 낳는 거위 이야기가 있습니다. 매일 한 개씩 황금으로 된 알을 낳았습니다. 욕심 많은 주인은 한 번에 많은 황금알을 얻기 위해 그 거위를 죽이고 맙니다. 배 안에 많은 황금알이 있을 줄 알았습니다. 그러나 주인은 아무것도 얻지 못한 채, 소중한 거위만을 잃고 말았습니다.

밭의 상추를 뜯어 먹을 때도 잎사귀만 뜯어야 그 다음에 돋아나는 이파리를 먹을 수 있습니다. 뿌리까지 칼로 잘라서는 안 됩니다.

이런 이야기들은 사는 것이 너무 분주해 하나님과의 관계를 돌아볼 시간이 없는 그리스도인들에게 경종이 됩니다.

그리스도인의 선한 삶의 뿌리는 경건입니다. 그 경건의 원천은 하나님을 사랑하고 사랑받는 것입니다. 경건 생활은 그 원천을 은혜로 채우는 것입니다. 그러므로 아무리 바빠도 희생하지 말아야 할 것이 있으니, 경건 생활입니다. 다시 말하지만, 하나님과의 관계는 우리 삶의 뿌리입니다. 게으름은 그 시간까지 갉아먹으려 합니다.

하나님과 교제할 시간이 없으리만치 바쁜 사람들이 있습니다. 하늘 자원을 잃어버린 채 살아가는 것입니다. 창조주를 잊고 살아가는 것입니다. 구속주이신 그리스도를 떠나는 것입니다.

* * * *

깊은 물 속에 빠진 사람이 있습니다. 어떻게든 헤어 나와서 땅으로 올라가고 싶은데, 등에 멘 가방이 너무 무거워 헤엄칠 수가 없습니다. 그 가방 안에는 금덩어리가 들었기에 버릴 수도 없습니다. 부지런히 헤엄을 쳐서 물에 떠 보려고 하지만 점점 지쳐 빠져들어 갑니다.

게으름과의 싸움이 이와 같습니다. 거룩한 목표를 세웁니다. 그러나 물 위를 헤엄쳐 가기에는 영혼의 짐이 너무 무겁습니다.

사랑하는 것들이 많기 때문입니다. 그 짐을 진 채 떠오르자니 한없이 힘이 듭니다.

그러던 어느 순간, 자기가 왜 이 힘든 일을 하고 있나 하고 생각하게 됩니다. 그때 회의(懷疑)라는 커다란 연자 맷돌이 목에 매달립니다. 탐욕과 함께 깊은 죄의 물속으로 가라앉고 맙니다.

싫증의 정체는 하나님과의 관계에 대한 영혼의 권태입니다. 이러한 권태는 이미 그 사람 마음 안에 있는 죄의 확대되는 영향력을 보여줍니다.

싫증은 게으름이 몸에 배어서 본성이 될 수 있도록 자리를 만들어 줍니다. 그리고 게으름의 도움을 받으며 싫증은 점점 더 번성하여 반감과 대적으로 변화되어 갑니다.

육체의 게으름뿐만 아니라 영혼의 싫증에 대해서도 경계해야 합니다. 지금 하고 있는 일이 하나님의 일이라고 생각하십니까? 열렬히 하십시오. 그럴 수 있도록 기도하십시오.

부지런한 삶과 거룩한 열정은 밀접하게 연관되어 있습니다. 하나님을 위해 목표를 정해 보십시오. 그것을 이루고자 애써 보십시오. 자기 깨어짐을 경험하게 될 것입니다.

결과가 좋지 않아서 실망할까 봐 미리 염려하는 사람이 누구입니까? 최선을 다하지 않는 사람입니다. 자기의 게으름을 정당화하기 위해 핑곗거리를 찾는 것입니다.

최선을 다한 사람은 결과에 대해 자유롭습니다. 그가 진정으로 하나님을 의지하고 있다면 말입니다. 일의 성패를 떠나 감사할 수 있습니다.

일이 잘 안 되면 깨뜨려진 마음으로 기도하고, 잘되면 겸손한 마음으로 찬송합니다. 그러나 최선을 다하지 않은 사람들은 그럴 수 없습니다. 잘되면 자만해지기 쉽고, 안 되면 낙심하기 쉽습니다.

신앙의 진수는 실천을 통해서 경험됩니다. 그것은 단지 지식의 개념이 아니고, 불명확한 감정의 덩어리도 아닙니다.

기도의 깊이와 말씀의 은혜는 실천을 통해 알게 됩니다. 진리를 자신에게 적용하며 온전히 살고자 몸부림칠 때 가능한 일입니다.

게으름은 그렇게 살지 못하게 합니다. 그런 신앙의 진수들에 접근하지 못하게 합니다. 마치 인공위성이 끊임없이 지구를 돌지만 한 번도 지구와 만난 적이 없는 것처럼, 그렇게 진리 주위를 맴돌 뿐입니다.

기도하라고 하면 기도에 관한 책 읽습니다. 전도하라고 하면 전도 많이 한 사람 데려다가 특강을 듣습니다. 거룩해지라고 하면 거룩함에 대한 세미나를 엽니다. 충성하라고 하면 충성스럽게 살았던 위인들의 전기나 읽습니다. 그러나 안 것만큼 실천하

지 않는다면, 그것은 남의 신앙을 즐기는 것이지 믿음으로 사는 것이 아닙니다.

시간은 소중합니다. 우리 목숨이 유한하기 때문입니다. 주님 위해 살라고 주신 시간입니다. 인생을 의미 있게 살라고 주신 것입니다. 거룩한 목표 없이 게으르게 사는 것은 죄입니다. 인생을 낭비하는 것은 하나님의 시간을 도적질하는 것입니다.

우리가 있는 자리가 얼마나 귀하고 아름답습니까? 거기에 있게 하신 뜻을 이루기 위해 무엇을 아끼겠습니까? 시간도, 건강도, 능력도 그 자리에서 소명을 이루라고 주신 것인데 왜 머뭇거리겠습니까?

* * * * *

예수님과 함께 십자가에 달렸던 두 강도를 생각해 보십시오. 둘 중 한 사람은 회개하고 믿음을 갖게 되었습니다. 예수님과 함께 낙원으로 갔습니다.

그는 악인으로 살아왔습니다. 죽는 순간에 와서야 예수님이 하나님의 아들이신 줄을 알아보았습니다. 회개하며 자비를 구했습니다. 지난 삶을 생각하니 차마 구원해 달라는 말이 나오지 않았습니다. 그래서 간청드릴 수밖에 없었습니다. "이르되 예수여 당신의 나라에 임하실 때에 나를 기억하소서 하니"(눅 23:42).

강도였으나, 그 믿음 때문에 구원받았습니다. 예수님은 기꺼이 당신과 함께 낙원에 이르게 해주셨습니다(눅 23:43).

예수님은 그를 낙원으로 데려가셨지만, 그 강도의 마음은 어떠했겠습니까?

일평생 죄만 짓고 살다가, 이제야 비로소 어떻게 살아야 할지 알게 되었습니다. 그러나 안타깝게도, 깨닫게 된 곳은 자신이 죽어 가던 십자가 위였습니다. 얼마나 안타까웠을까요?

비로소 인생의 의미를 발견했는데, 그에게는 자신을 드릴 시간이 없었습니다. 그가 죽기 전에 며칠이라도 말미를 주어 주님을 섬기라고 했다면, 뛸 듯이 기뻐했을 것입니다.

아마도 그는 이전의 자신처럼 살고 있는 사람들을 찾아갔을 것입니다. 하나님의 사랑을 전했을 것입니다. 남겨두고 떠나야 하는 자신의 가족들에게도 복음을 전했을 것입니다. 하지만 그에게는 허락되지 않았습니다.

우리는 그 강도보다 얼마나 행복한 사람들입니까? 아직 우리에게는 주님을 섬길 시간이 남아 있습니다. 그가 살지 못했던 오늘을 우리가 살고 있습니다. 우리의 오늘은 그가 살고 싶어 했던 내일입니다.

충성스럽게 살아야 합니다. 자신을 위해서는 바쁘고 하나님을 위해서는 게으른 삶을 살지 말아야 합니다. 열렬하게 부지런히 살아야 합니다. 우리의 피 묻은 전투복을 천국의 세마포 옷으로 갈아입을 때까지…….

참고 문헌

이 책을 쓰는 데 직접적으로 도움을 받았던 책들의 목록이다. 아래의 책들을 참고하였다고 해도 인용문으로 명시한 것을 제외하고는 본문에서 사용된 내용 대부분은 나 자신 안에서 소화되어 자기화된 것이다. 이외에도 일일이 기억을 더듬어 찾아내지 못한 것들도 있음을 밝혀 둔다.

해외 도서

Andrews, John Richard. *George Whitefield: A Light Rising in Obscurity* (London: Morgan & Chase, 1864).

Augustinus, Aurelius. *Confessiones*, in *Corpus Christianorum Series Latina*, vol. 27 (Turnholti: Brepols, 1996).

_____. *De Trinitate*, in *Corpus Christianorum Series Latina*, vol. 50A (Turnholti: Brepols, 1968).

_____. *In Joannis Evangelium Tractatus CXXIV*, in *Patrologia Latina, Cursus Completus*, vol. 35, ed. J. P. Migne (Paris: Excudebatur et venit apud J. P. Migne, 1845).

Bauer, Walter. & Danker, Frederick W. & Arndt, William F. & Gingrich, F. Wilbur. eds. *A Greek-English Lexicon of the New Testament and Other Early Christian Literature*, 3rd ed. (Chicago: University of Chicago Press, 2000).

Berkhof, Louis. *Systematic Theology* (Grand Rapids: Wm. B. Eerdmans Publishing Company, 1996).

Bonar, Horatius. "Editor's Preface," in *Historical Collections of Accounts of Revival*, ed. John Gillies (Edinburgh: The Banner of Truth Trust, 1981).

Brown, Francis. & Driver, Samuel Rolles. & Briggs, Charles Augustus. *The Brown-Driver-Briggs Hebrew and English Lexicon* (Peabody: Hendrickson Publishers, 2003).

Calvin, Jean. *Institution de la religion Chrétienne* (Genève: E. Beroud, 1888).

Clines, David J. A. ed. *The Concise Dictionary of Classical Hebrew* (Sheffield: Sheffield Phoenix Press, 2009).

Cohen, Harold R. (Chaim). *Biblical Hapax Legomena in the Light of Akkadian and Ugaritic* (New York: Scholars Press, 1978).

Edwards, Jonathan. "Resolution 1," *Letters and Personal Writings*, in *The Works of Jonathan Edwards*, vol. 16, ed. George S. Claghorn (New Haven: Yale University Press, 1998).

Gesenius, Wilhelm. *Gesenius' Hebrew and Chaldee Lexicon to the Old Testament Scriptures*, trans. Samuel Prideaux Tregelles (Grand Rapids: Baker Book House, 1984).

Gleason, Randall C. *John Calvin and John Owen on Mortification: A Comparative Study in Reformed Spirituality* (New York: Peter Lang Publishing Inc., 1995).

Holladay, William Lee. & Köhler, Ludwig. *A Concise Hebrew and Aramaic Lexicon of the Old Testament* (Leiden: Brill, 2000).

Lloyd-Jones, D. M. "Jonathan Edwards and the Crucial Importance of Revival," in *The Puritans: Their Origins and Successors* (Edinburgh: The Banner of Truth Trust, 2002).

Mounce, Robert H. *The Book of Revelation*, in *The New International Commentary on the New Testament* (Grand Rapids: Wm. B. Eerdmans Publishing Co., 1997).

Owen, John. *Of the Mortification of Sin in Believers*, in *The Works of John Owen*, vol. 6, ed. William H. Goold (Edinburgh: The Banner of Truth Trust, 1991).

_____. "Of Walking Humbly with God," *Posthumous Sermons*, in *The Works of John Owen*, vol. 9, ed. William H. Goold (Edinburgh: The Banner of Truth Trust, 1990).

_____. *The Grace and Duty of Being Spiritually Minded*, in *The Works of John Owen*, vol. 7, ed. William H. Goold (Edinburgh: The Banner of Truth Trust, 1988).

Tuttle, Robert G., Jr. *John Wesley: His Life and Theology* (Grand Rapids: Zondervan, 1978).

Seneca. *De Brevitate Vitae*, in *Loeb Classical Library*, vol. 254, trans. John W. Basore (Cambridge: Harvard University Press, 2006).

국내 도서 & 번역서

고려대학교 민족문화연구원 국어사전편찬실 편. 『고려대 한국어대사전(ㄱ-ㅁ)』 (서울: 고려대학교 민족문화연구원, 2011).

고려대학교 민족문화연구원 국어사전편찬실 편. 『고려대 한국어대사전(ㅂ-ㅇ)』 (서울: 고려대학교 민족문화연구원, 2011).

고려대학교 민족문화연구원 국어사전편찬실 편. 『고려대 한국어대사전(ㅈ-ㅎ)』 (서울: 고려대학교 민족문화연구원, 2011).

김남준. 『다시, 게으름』 (서울: 생명의말씀사, 2021).

_____. 『자기 깨어짐』 (서울: 생명의말씀사, 2022).

_____. 『자네, 정말 그 길을 가려나』 (서울: 생명의말씀사, 2021).

_____. 『죄와 은혜의 지배』 (서울: 생명의말씀사, 2005).

라이너 마리아 릴케. 『소유하지 않는 사랑: 릴케의 가장 아름다운 시』, 김재혁 역 (서울: 고려대학교출판부, 2003).

바실 밀러. 『요한 웨슬리의 생애』, 한영태 역 (서울: 생명의말씀사, 1997).

박윤선. 『성경과 나의 생애』 (서울: 영음사, 2015).

엘리너 허먼. 『독살로 읽는 세계사』, 솝희 역 (서울: 현대지성, 2021).

쟝위싱. 『중국 황제 어떻게 살았나』, 허유영 역 (서울: 지문사, 2003).

사명선언문

너희가 흠이 없고 순전하여……세상에서 그들 가운데 빛들로
나타내며 생명의 말씀을 밝혀 _ 빌 2:15-16

1. 생명을 담겠습니다
만드는 책에 주님 주신 생명을 담겠습니다.
그 책으로 복음을 선포하겠습니다.

2. 말씀을 밝히겠습니다
생명의 근본은 말씀입니다.
말씀을 밝혀 성도와 교회의 성장을 돕겠습니다.

3. 빛이 되겠습니다
시대와 영혼의 어두움을 밝혀 주님 앞으로 이끄는
빛이 되는 책을 만들겠습니다.

4. 순전히 행하겠습니다
책을 만들고 전하는 일과 경영하는 일에 부끄러움이 없는
정직함으로 행하겠습니다.

5. 끝까지 전파하겠습니다
모든 사람에게, 땅 끝까지, 주님 오시는 그날까지
복음을 전하는 사명을 다하겠습니다.

서점 안내

광화문점	서울시 종로구 새문안로 69 구세군회관 1층 02)737-2288 / 02)737-4623(F)
강남점	서울시 서초구 신반포로 177 반포쇼핑타운 3동 2층 02)595-1211 / 02)595-3549(F)
구로점	서울시 동작구 시흥대로 602, 3층 302호 02)858-8744 / 02)838-0653(F)
노원점	서울시 노원구 동일로 1366 삼봉빌딩 지하 1층 02)938-7979 / 02)3391-6169(F)
일산점	경기도 고양시 일산서구 중앙로 1391 레이크타운 지하 1층 031)916-8787 / 031)916-8788(F)
의정부점	경기도 의정부시 청사로47번길 12 성산타워 3층 031)845-0600 / 031)852-6930(F)
인터넷서점	www.lifebook.co.kr